Le Bonheur c'est les autres

GUIDE DE DÉVELOPPEMENT COLLECTIF

Direction éditoriale
Julie Rouart

Conception graphique
Moshi Moshi Studio

Photogravure
Atelier Frédéric Claudel, Paris

Fabrication
Titouan Roland
Corinne Trovarelli

Imprimé sur les presses d'Indice, Barcelone, Espagne,
en octobre 2021.

Dépôt légal : octobre 2021
ISBN : 9782080265265
N° d'édition L.01EBUN000834.N001

Ines de la Fressange
Sophie Gachet
Olga Sekulic

Le Bonheur C'EST LES *autres*

GUIDE DE DÉVELOPPEMENT COLLECTIF

Dessins Ines de la Fressange

Flammarion

SOMMAIRE

8 · *Chapitre 1*

Des amours d'amis

68 · *Chapitre 2*

ATTRAPEZ *L'Amour !*

86 · *Chapitre 3*

Une famille formidable

100 · *Chapitre 4*

VIVE *LE BUSINESS !*

110 · *Chapitre 5*

Le ***style*** pour **TOUS**

120 · *Chapitre 6*

Se **NOURRIR** *d'amitié*

130 · *Chapitre 7*

DE LA GAITÊ *et rien d'autre*

Happiness

PRÉFACE

« La vie n'est jamais comme on l'avait prévue et c'est bien comme cela. »

Alors que les guides de développement personnel envahissent les rayons des librairies, je me suis demandé si ce n'était pas le moment de penser autrement. Je constate en effet que je me développe au contact des autres. Le confinement m'a fait comprendre que même si je suis très bien entourée par ma famille, ne pas voir mes amis me manque horriblement. Je suis convaincue qu'on a besoin des autres pour être vraiment heureux, et remplir son existence de gaieté. On vit dans une époque où le moi est roi. Où le selfie ne se fait pas sans filtre. Où le bien-être personnel passe avant le bien collectif. J'aime penser que les autres sont notre salut. L'amitié est ma valeur refuge. Ces derniers temps on a eu le loisir de se recentrer sur soi. Maintenant, il est temps de se centrer sur les autres.

N'allez pas croire que je veuille jouer à la « psy people » qui donne des leçons. Même si je pense qu'on peut y voir plus clair avec une bonne paire de lunettes, je pense aussi que prendre du recul est la meilleure façon d'appréhender sa vie. Et, ce que je peux vous dire avec certitude, c'est que sans amis, la vie ne vaut pas la peine d'être vécue. Toutes les études sur le bonheur l'attestent : l'amitié nous rend plus heureux et a même un effet positif sur notre santé.

Dans ce livre, j'ai récolté tout ce qui me rend heureuse dans mes relations avec les autres. Je ne l'ai évidemment pas fait seule, puisque mes deux amies, Olga et Sophie, m'ont aidée à me rappeler ce que je faisais pour mettre de la gaieté dans ma vie. Un effort collectif pour vous montrer que l'union fait la force et que lorsqu'on agit à plusieurs, on est capable d'aller plus loin dans la réflexion. Suivez ce guide… ou pas ! mais une chose est importante : soyez heureux, c'est le seul objectif qu'il faut avoir en ligne de mire.

VIVE LA VIE !

Des amours d'amis

« L'amitié, comme l'amour, demande beaucoup d'efforts, d'attention, de constance, elle exige surtout de savoir offrir ce que l'on a de plus cher dans la vie : du temps ! »

— Catherine Deneuve

Les amis, c'est la famille que l'on se choisit !

J'ai une vraie famille que j'aime beaucoup,
mais j'ai aussi une multitude d'amis qui sont comme mes frères et sœurs.
C'est ce qu'on pourrait appeler une « famille composée ».

J'aime les animaux et c'est pour cela que je suis contente de vous annoncer que nous sommes des « animaux sociaux » :

POUR ÊTRE HEUREUX, NOUS AVONS BESOIN DES AUTRES.

C'est scientifiquement prouvé : notre bonheur dépend à 70% des relations que nous avons avec nos amis, notre famille et nos collègues. Sans les autres, notre vie n'aurait pas de sens.

Selon une étude de l'université de Brigham Young, nos relations avec les autres augmentent notre espérance de vie de 50%.

J'en déduis que si on préfère être seul, on meurt plus vite !

Ne pas avoir de relation avec les autres serait aussi néfaste que fumer 15 cigarettes par jour et serait même pire que ne pas faire de sport. Ça fait peur, non ? Heureusement, si vous n'avez pas trouvé utile de voir des amis ces dernières années et que vous vous rendez compte seulement maintenant de ce souci, les effets de la solitude sont réversibles. Ouf !

<u>À dire à ses amis</u> : « J'ai besoin de te voir, sinon je vais mourir ! »

Posons-nous

LES BONNES QUESTIONS !

C'est bien de vouloir s'entourer, mais que faut-il savoir avant de se constituer une armée d'amis ?

LE BONHEUR DES UNS FAIT-IL LE VÔTRE?

Je ne vois pas de contre-indication à fréquenter des gens heureux. Il reste que je ne laisserai pas tomber mes amis malheureux, car si je peux leur remonter le moral, j'en serai, moi aussi, plus heureuse.
Une étude menée par l'université de Concordia au Québec, atteste que l'amitié protège les gens du stress et de la dépression. Et cela sans ordonnance !

Faut-il se ressembler pour s'assembler ?

Je vais vous épargner l'inventaire des études qui démontrent que les amis ont souvent des bagages génétiques très proches. D'autant que je suis un mauvais exemple pour le « qui se ressemble s'assemble », vu que j'ai des amis de tous les horizons, de toutes les nationalités et de tous les milieux sociaux. En fait, je m'assemble surtout avec ceux qui me plaisent !

FAUT-IL TOUT DIRE À SES AMIS ?

J'aimerais vous dire bien sûr… mais peut-on vraiment avouer à une amie qu'on préfère passer une soirée en pyjama à regarder la fin de notre série sur Netflix que de sortir dîner des sushis sur une terrasse bondée ? Pourquoi ne pourrais-je pas lui dire la vérité ? La bonne réponse à son invitation : « Apporte des sushis et viens à la maison regarder ma série ! ». Si on ne peut pas tout dire à ses amis, ce ne sont pas des amis…

UN MEILLEUR AMI, ÇA EXISTE **vraiment** ?

J'ai un peu de mal avec le concept de « meilleur »… Évidemment, on peut avoir plus d'affinités avec certaines personnes, mais sont-elles meilleures pour autant ? Les autres amitiés sont-elles moins bonnes ? Mieux vaut éviter les formules « podium de l'amitiés ». Je n'ai pas d'ami à *moitié meilleur*.

FINALEMENT, TOUS MES AMIS SONT MES MEILLEURS AMIS !

Faut-il débattre de

POLITIQUE

avec ses amis?

C'est possible. À une seule condition :
il faut apprendre à écouter et à ne pas interrompre
l'autre en anticipant la fin de sa phrase.

Et il faut surtout savoir rester zen.

Faut-il croire que *nos* AMIS SUR INSTAGRAM *sont nos* VRAIS AMIS ?

Ce sont avant tout des amis virtuels. Mais je connais certaines personnes qui se sont rencontrées après avoir *liké* des photos sur Instagram et leur amitié est devenue bien réelle. Certains psys recommandent à leurs patients de supprimer cette application, parce que ce réseau social nous pousserait à comparer notre vie à celle des autres. Ce qui pourrait provoquer des frustrations. Toujours est-il que je trouve plutôt sympathique de voir les jolies choses qui peuvent arriver dans la vie des autres.

Comment SE FAIRE DES AMIS ?

L'enfance ou encore la vie étudiante, sont des périodes faciles pour se faire des amis. Lorsque l'on devient adulte, il est plus difficile de se lier avec quelqu'un qu'on ne connaît pas. L'amitié ne se construit pas en une journée ! Quelles sont les bonnes attitudes pour devenir l'ami de tous ?

Dire MERCI

J'imagine que je ne vous apprends rien… on le sait : remercier est toujours bien vu. Et surtout, cela donne envie à celui que vous remerciez de vous revoir. Le mot « gratitude » est très à la mode en ce moment. Alors si c'est la mode…

Les APPELER

Prendre le temps de les appeler pour prendre de leurs nouvelles montre qu'ils sont importants pour vous. Si vous ne les appelez pas, ils ne le sauront pas. C'est assez logique. « Les seuls amis dignes d'intérêt sont ceux que l'on peut appeler à 4 heures du matin. », disait Marlene Dietrich.

Fêter LES ANNIVERSAIRES

C'est hyper facile à faire, il suffit juste de rentrer les anniversaires dans une appli pour ne pas les oublier : le jour J, un petit appel ou un petit message et le tour est joué ! Si vous les invitez au restau ou chez vous, surprenez-les avec un gâteau et des bougies, vous serez étiqueté « meilleur ami ». Même si comme je viens de le dire dans ce livre, tous nos amis sont nos meilleurs amis…

Les SOUDOYER

Oui, oui, leur offrir des petits cadeaux peut faire la différence. On pense toujours qu'il faut attendre une occasion pour faire un cadeau. Mais pourquoi ? Pourquoi attendre une fête mercantile alors qu'on peut dépenser son argent tout le temps ? Les petites attentions entre amis sont importantes. Si vous arrivez à trouver un cadeau qui leur correspond, c'est tip-top.

Multiplier les occasions **DE VOUS VOIR**

Pour être ami avec quelqu'un, les études le prouvent : il faut que son visage nous soit familier. Donc si vous vous voulez que quelqu'un devienne votre ami, il faut le voir très souvent. Vous ferez partie de ses meubles, vous serez son ami ! Il faut toutefois savoir juger du type de l'ami : s'il est plutôt chien des villes ou chat sauvage, il va falloir adapter son comportement. Quel type d'amie suis-je ? Je ne sais pas trop, mais je sais que je perds très peu de poils…

Être présent **DANS LES MAUVAIS MOMENTS**

C'est l'épreuve du feu ! Là, on voit vraiment qui sont nos amis. Un divorce, la perte d'un emploi, un décès et d'un coup, votre « ami » disparaît comme par magie. Par contre, certains se montrent très présents. Certains mêmes que vous ne soupçonniez pas. On doit pouvoir confier nos soucis à nos amis, car lorsqu'ils sont formulés, les soucis sont allégés… comme le fromage blanc !

Être **PATIENT**

Sur Instagram, Tik Tok, Snapchat ou Facebook, devenir ami est super simple mais une amitié solide dans la vraie vie demande du temps : 140 heures pour être précise. C'est Jeffrey A. Hall, un professeur de l'université du Kansas, qui a réussi à quantifier le nombre d'heures d'interaction avec un inconnu pour qu'il devienne un vrai ami. Il suffit de 50 heures pour une simple relation amicale, et pour une relation vraiment intime, il faut compter pas moins de 300 heures passées ensemble. C'est du boulot d'avoir des amis ! Moi, j'ai la solution depuis longtemps : je suis très fidèle en amitié.

Leur dire qu'ils sont **IMPORTANTS POUR NOUS**

Même si cela peut se deviner, dire à vos amis que vous aimez passer du temps avec eux ou qu'ils comptent énormément pour vous, aide à tisser des liens. Et puis quand quelqu'un vous témoigne son affection, on essaie d'être digne de cette reconnaissance. Je ne suis pas la seule à avoir pensé qu'il faut être sympa pour qu'on soit sympa avec nous : le philosophe Blaise Pascal, au XVIIe siècle déjà, disait : « Les mots gentils ne coûtent pas cher. Pourtant ils accomplissent beaucoup de choses. »

PENSER POSITIF

Si vous êtes trop négatifs, vous perdrez vos amis les uns après les autres. Selon le chercheur américain John Cacioppo – l'un des fondateurs de la neuroscience sociale – le cerveau a tendance à se souvenir d'avantage des expériences négatives que positives.

NE RETENIR QUE LE POSITIF, CELA S'APPREND !

Si vous êtes embourbés dans des pensées négatives, je vous donne quelques conseils :

1

Respirez (toujours un bon conseil).

2

Évitez les gens qui sont négatifs… et qui n'ont pas respiré.

3

Tenez-vous droit et souriez ! Sourire fait déjà penser positif. Ceux qui oublient de sourire sont en mauvaise posture. Et si tu souris, la vie te sourit !

4

Si vous avez des problèmes, il faut les sortir de votre tête. Écrire peut être une solution. L'essentiel est de vous en débarrasser. Toujours penser positif permet de… voir positif. Alors, au lieu de dire : « cela ne va vraiment pas en ce moment, je n'ai que des problèmes », dites : « je n'ai que des challenges en ce moment, c'est amusant ». Ça va tout changer !

« Ne laissez pas une petite dispute briser une grande amitié. »

— Dalaï-Lama

Quels cadeaux pour des amis ?

Ok, ce n'est pas vraiment original, mais recevoir des fleurs fait toujours plaisir. En ce qui me concerne, les bouquets me mettent de bonne humeur. Le vrai défi ? Offrir des compositions florales qui soient harmonieuses. Comment ne pas se planter de fleurs ? En choisir des blanches pour ne pas faire de faute d'association. Un bouquet blanc ne peut pas faire tache. Mais il est tout aussi intéressant d'oser mélanger les couleurs allègrement comme si on les avait cueillis dans la campagne. Si on a la chance d'avoir un jardin, les bouquets faits maison sont toujours réussis !

→ *Dites-le avec des* **FLEURS** !

MES ADRESSES PRÉFÉRÉES À PARIS

Thalie

223, rue Saint-Jacques, Paris 5^e^
Tél. +33 1 43 54 41 00

Maison Flower

14, rue de l'Hôtel-Colbert, Paris 5^e^
Tél. +33 1 44 50 00 20
flower.fr

Atelier de création Claude QuinQuaud

15, rue de Chaillot, Paris 16^e^
Tél. +33 1 47 20 24 25
claudequinquaud.com

Arôm Paris

73, avenue Ledru-Rollin, Paris 12^e^
Tél. +33 1 43 46 82 59
aromparis.fr

Eric Chauvin

22, rue Jean Nicot, Paris 7^e^
Tél. +33 1 45 50 43 54
chauvinparis.com

Seulement sur internet :

Baptiste Pitou

Tél. +33 1 41 05 99 00
baptistefleur.com

→ *une* POCHETTE

Je suis « pochetteophile », une maladie diagnostiquée immédiatement lorsque vous entrez dans l'une de mes armoires. J'ai des pochettes partout et je passe ma vie à en acheter et à en offrir.

MES TROIS PRÉFÉRÉES

Je peux parfois être extrême dans l'épuré. C'est pour cela que les pochettes Golden Eyes de **RSVP** reviennent pour montrer que je ne choisis pas toujours la facilité. Les deux rivets dorés sont comme des yeux devenus des bijoux.

rsvp-paris.com

Ce créateur a fait ses classes chez Hermès, Martin Margiela et Balenciaga, c'est donc évident que les pochettes signées **Isaac Reina** soient épurées et chics comme il faut. Un cadeau « valeur sûre ».

isaacreina.com

Curiosity Lab propose des produits indiens comme j'aime. Ces trousses, toutes différentes, en sont le parfait exemple.

curiosity-lab.com

→ *une* BOUGIE

Même si c'est loin d'être original, ça fait toujours plaisir.

MON CASTING DE CIRE

• **La « Jasmin »** de Diptyque •

diptyque.com

• **Les bougies japonaises** de Puebco •

eu.goodhoodstore.com

• **La Bougie 01 :** basilic, feuilles de figuier, menthe chez Le Bon Parfumeur •

bonparfumeur.com

• **Le Rêve d'Ossian** d'Oriza L. Le Grand •

orizaparfums.com

→ *un* OBJET DE DÉCO

N'importe quoi chez Astier de Villatte
Ici, tout est beau, donc difficile de se tromper. Des bougies aux porte-encens, en passant par la céramique et la papeterie (la gomme parfumée « Mantes-la-Jolie ») : j'ai toujours envie de tout dans cette boutique.
16, rue de Tournon, Paris 6e
Tél. +33 1 42 03 43 90

astierdevillatte.com

L'atelier Vime
C'est l'une des maisons les plus charmantes que j'aie visitée. Elle est située à Vallabrègues, près d'Avignon. C'est privé pour l'instant, mais les créations qui y sont réalisées – comme les jolies lampes en osier – sont en vente sur *ateliervime.com*. Il y a aussi des meubles vintages.

ateliervime.com

De la vaisselle de Mr Céramiques
Installée à Biarritz, Mélissa Ruffault crée des pièces minimalistes et épurées. Ses assiettes en grès lisse sont magnifiques.

mrceramiques.com

Un cahier signé Le Papier
Et si on faisait la révolution ? J'adore les carnets en papier. Ceux signés Le Papier revendiquent leur position délicate avec pour slogan « Le Papier fait de la résistance ». Ils sont très jolis avec des designs sympathiques comme celui où il est écrit sur la couverture : « Jamais sans mon carnet ». En plus, ils sont fabriqués en France et écoresponsables. La révolution du papier s'arrête à la vente : Le Papier est à e-commander sur

le-papier-fait-de-la-resistance.com

La vaisselle
Ines de la Fressange Paris x Yadi
Ok, on appelle cela de l'auto-promo, mais c'est parce que mes deux co-auteures ont super insisté. Et aussi parce que je n'ai pas créé toute seule cette collection : ces pièces uniques que j'ai dessinées, ont été réalisées par la céramiste Yadi.

yadi-chic.com

inesdelafressange.fr

→ des DOUCEURS

Des Palomas

Un jour, un adorable garçon m'a envoyé une boîte de ces pralinés enrobés de meringue. En moins de deux jours, j'étais complètement addicte à ces bombes caloriques. C'est l'une des meilleures gourmandises que je connaisse. Toujours est-il qu'après avoir pris quelques kilos sans m'en rendre compte (c'est une fois la boîte vide que j'ai fait le rapprochement), j'ai compris qu'il fallait savoir se modérer avec ces sucreries irrésistibles !

2, rue du Colonel Chambonnet,
69002 Lyon
Tél. +33 4 78 37 74 60

palomas1917.com

Les gâteaux Merveilleux

Tout est dans le nom… d'ailleurs chaque saveur a son surnom comme « L'Incroyable » (meringue, crème fouettée au spéculoos enrobée de copeaux de chocolat blanc). Quand je vais chez des amis pour dîner, j'aime bien en apporter en leur disant : « J'ai pris un *Merveilleux*, cela me faisait penser à toi… »

auxmerveilleux.com

Les gaufres de Méert

Rien que pour le packaging de ces gourmandises signées de la maison lilloise, qui a plus de 250 ans d'histoire. Mais aussi parce qu'il n'y a pas de meilleures gaufres que celles-ci, créées en 1849 et garnies d'une pâte à la vanille de Madagascar. Il en existe à d'autres parfums, certains sont éphémères, comme une collection de mode.

16, rue Elzévir, Paris 3e
Tél. +33 1 49 96 56 90

meert.fr

MÉERT
GUIMAUVE À
L'ANCIENNE
POIRE
9,00€ les 100g
GUIMAUVE À
L'ANCIENNE
Myrtille
9,00€ les 100g
GUIMAUVE À
L'ANCIENNE
Chocolat
9,00€ les 100g

PAULINA 1880
Hugo
Les Misérables 1
folio
classique
MON A
ONGEY MINGYOUR
NPOTCHÉ
AVEC HELEN TWORKOV
R L'AMOUR
MONDE
PÉRÉGRINATIONS
MOINE BOUDDHISTE
fayard
INES
Patrick Modiano
Prix Nobel de littérature
Rue des Boutiques Obscures
folio
Khalil Gibran
Le Prophète
Préface
d'Amin Maalouf
Françoise
Hériti
Le Sel de la
Odile Jacob
essel
es, Romans
PRODIGIEUX REPORTAGE
de
JOSEPH KESSEL
Francis Scott
Fitzgerald
Tendre est la nuit
Tolstoï
Anna Karénine
Préface de Louis Pauwels
Traduction d'Henri Mongault
folio
Dumas fils
La Dame aux Camélias
Préface d'André Maurois
Édition de Bernard Raffalli

→ *un* LIVRE

Comme pour les vins, il est très facile de choisir des livres qui ont été primés. Mais ai-je vraiment envie de donner dans la facilité ? En matière d'amitié, il est parfois bien de faire des efforts. Alors, lorsque j'offre un livre, je vais chercher du côté de ceux qui traitent de l'amitié.

MES PRÉFÉRÉS :

Sur la route

de Jack Kerouac (1957)

Savez-vous que ce livre a été écrit en trois semaines ?
C'est un vrai esprit de liberté qu'on perçoit dans ce voyage de deux amis que tout oppose.

La phrase : « Une fois de plus, nos valises cabossées s'empilaient sur le trottoir; on avait du chemin devant nous. Mais qu'importe : la route, c'est la vie. »

•

Le Grand Meaulnes

d'Alain-Fournier (1913)

Unis surtout dans les tragédies, les trois amis de ce livre, illustrent l'amitié indéfectible.

La phrase : « Soyez mes amis pour le jour où je serais encore à deux doigts de l'enfer comme une fois déjà... Jurez-moi que vous répondrez quand je vous appellerai ... Vous Meaulnes, jurez d'abord. »

•

Les Trois Mousquetaires

d'Alexandre Dumas (1844)

Difficile de faire l'impasse sur cet ouvrage quand on parle d'amitié en littérature.
Les mousquetaires sont très soudés dans toutes les situations.

La phrase : « Un pour tous, tous pour un ! »

Éthique à Nicomaque

d'Aristote

Un livre pour réfléchir sur le bonheur et autrui.
Apprendre qu'une vie vertueuse est la condition pour naviguer en collectivité.
Et que le bonheur est la fin de la vie.
La phrase : « L'amitié est une âme en deux corps. »

•

L'Amie prodigieuse

d'Elena Ferrante (2011)

Les chemins de deux amies se croisent et s'éloignent, avec pour décor un Naples populaire. Le premier tome d'une saga qui commence dans l'Italie d'après-guerre. Un roman passionnant.
La phrase : « Si on n'essaie pas, rien ne change jamais. »

Almanach Château Lafite

de Saskia de Rothschild (2020)
Ok, ce n'est pas un livre sur l'amitié, c'est un livre sur le vin. Mais je l'offrirais avec plaisir à des amis. Cette histoire résume les 150 ans de la famille Rothschild à Château Lafite. Archives historiques, mais aussi anecdotes du quotidien, documents, photos de grands photographes, tous les éléments qui composent cet ouvrage sont magnifiquement mis en scène. C'est beau, poétique et drôle à la fois.

Autobiographie d'un yogi

de Paramahansa Yogananda (2012)
Steve Jobs, le cofondateur d'Apple, avait eu le temps de planifier ses funérailles. Il avait prévu de donner à certains amis proches un cadeau. Il avait glissé un petit mot : « Voici le livre de Yogananda. Mettez-vous à jour. » En offrant ce livre de développement personnel, Steve Jobs fait du

DÉVELOPPEMENT COLLECTIF.

La phrase : « Soyez aussi simple que possible, vous serez étonné de voir à quel point votre vie peut devenir simple et heureuse. »

Le jour à noter dans son agenda ?

LE 30 JUILLET !

C'EST LA

JOURNÉE INTERNATIONALE DE L'AMITIÉ.

Elle a été instaurée par l'Organisation des Nations Unies, autant dire que c'est du sérieux. Je trouve qu'on devrait tous organiser des dîners ce jour-là avec nos amis.

Comment reconnaître de

vrais amis ?

C'est LA question que tout le monde se pose. Pas toujours facile de ne pas se tromper, mais si vous répondez « oui » à quelques-unes de ces questions, il y a de fortes chances pour qu'il/elle soit un ami fidèle.

Lorsqu'il vous parle à une soirée, vous regarde-t-il **DANS LES YEUX** et ne cherche pas un autre ami qui aurait une meilleure conversation que la vôtre ?

Vous propose-t-il de garder vos plantes/votre chat/votre chien/votre enfant/votre mère pour vous **DÉPANNER**, et le fait même s'il doit prendre un jour de congé ?

A-t-il l'air **ATTENTIF** lorsqu'on lui raconte que notre amoureux/amoureuse n'est pas rentré de la nuit parce qu'il n'avait pas sa clé et n'a pas osé nous réveiller ?

Peut-il **REPRENDRE** une conversation laissée en plan il y a six mois sans que cela soit gênant ?

Prononce-t-il parfois cette phrase :
« Je pense que tu te trompes » ? La **SINCÉRITÉ**
est la clé d'une amitié réussie.
Les amis qui pensent toujours à ce qui serait le mieux
pour nous sont de l'or en barre.

Nous **TÉLÉPHONE**-t-il pour rien ?
Et pas seulement pour nous demander un service.

Continue-t-il de nous parler même si on ne s'est pas déplacé
à **5000 KILOMÈTRES** pour fêter son anniversaire ?
(La banque ne nous avait pas accordé le prêt
pour payer le voyage…)

Ose-t-il nous demander de l'**AIDE** ?

Qui est parfait ?
C'est l'ultime question !
Avoir un esprit moins critique
aide aussi à avoir
plus d'amis…

Mes amis ont du

TALENT

Mes amis ont tout compris.
Je les aime parce qu'ils sont eux tout simplement !
Ils enrichissent ma vie rien que par leur présence.
J'aime dire que mes amis ont du talent.
Ils ont tous une passion ou un métier qui les déterminent.
Eux aussi, comme les fleurs, mettent de la gaieté dans ma vie !
Quelle est leur secret pour une amitié réussie ?
Voici ce qu'ils m'ont confié.

Vanessa **SEWARD,** créatrice de mode et peintre
vanessaseward.com

Le secret d'une amitié réussie ?
Je pense que la tolérance est indispensable, accepter de n'avoir pas forcément les mêmes rêves ou envies. Accepter que nos amis aient souvent les défauts de leurs qualités et ne pas chercher à les changer. Être là pour eux, sans exiger des preuves d'amitié.

Votre devise dans la vie ?
« En avant, calme et droit », la devise du Cadre Noir de Saumur. Je l'ai entendue par Ines la première fois, et ça m'a beaucoup marqué parce que je traversais une époque compliquée et je trouvais sa dignité très inspirante.

Guillaume **HENRY,** directeur artistique de Patou
patou.com

Le secret d'une amitié réussie ?
L'écoute, le rire, les souvenirs et les surprises !

Votre devise dans la vie ?
« Pas de problème, que des solutions ! »
ou « Le verre à moitié plein, plutôt qu'à moitié vide ! »

Marin **MONTAGUT,** illustrateur-designer
marinmontagut.com

Le secret d'une amitié réussie ?
Avec Ines, nous sommes amis depuis plus de 10 ans (déjà ! ! !) – nous pouvons ne pas nous voir durant plusieurs mois et la connexion reste la même à chacune de nos retrouvailles. L'amitié véritable, c'est pouvoir se voir peu et savoir que l'ami(e) est là pour toujours.

Votre devise dans la vie ?
« Continuer à désirer ce que l'on possède déjà. »

Marie-Hélène **DE TAILLAC,** créatrice de bijoux
mariehelenedetaillac.com

Le secret d'une amitié réussie ?

Mes amis sont précieux comme les pierres que je choisis.
Ils illuminent ma journée.
Nous partageons gaieté, légèreté, rire et ils me protègent dans l'adversité.
L'amitié est intemporelle.
Le temps n'a aucune prise sur elle.
Deux vrais amis qui ne se sont pas vus depuis un moment vont se retrouver comme s'ils ne s'étaient jamais quittés.

Votre devise dans la vie ?

Ma devise familiale : « Un pour tous, tous pour un. »

Pascale **MONVOISIN,** créatrice de bijoux
pascalemonvoisin.com

Le secret d'une amitié réussie ?

L amitié est l'un des plus beaux cadeaux de la vie ! Un espace de lâcher prise où l'on peut se livrer sans fard. Rire des mêmes choses, se marrer est sûrement le lien le plus fort que je partage avec mes amis.
Un ami, c'est quelqu'un qui nous connaît par cœur. Pour autant, je pense parfois que nous considérons ces liens comme acquis. Il faut en prendre soin, ne pas oublier d'être attentionné, poli et ne pas se laisser emporter par le flot de nos pensées, sans prendre le temps d'écouter.
Une amie peut tout me dire, quand on dit ça ... Ça veut aussi dire des choses pas forcément agréables à entendre. De sa part, ça me donne toujours à réfléchir.
Avec le temps, nous avons évolué avec nos différences et nos parcours de vie et je chéris de plus en plus ces moments partagés.

Votre devise dans la vie ?

« Le passé et l'avenir n'existent que lorsque nous y pensons ; ce sont des opinions, non des faits. » Ces quelques mots extraits du livre Propos sur le bonheur *d'Alain, ont tellement raisonné en moi lorsque je les ai lus pour la première fois. Depuis, ils m'accompagnent quotidiennement. « Seul le présent possède une existence réelle », c'est une façon pour moi de vivre chaque instant intensément et en pleine conscience.*

Isabella **ROSSELLINI,** actrice

Le secret d'une amitié réussie ?

Rire. Rire atténue toutes les difficultés. J'aime rire avec mes amis.

Votre devise dans la vie ?

Pourquoi pas ? Quand je doute, la question « Pourquoi pas ? » me vient à l'esprit. La curiosité a été le moteur de ma vie, c'est elle qui m'a conduit à vivre de nombreuses aventures.

Frédéric **PÉRIGOT,**

artiste ménager

perigot.fr

Le secret d'une amitié réussie ?

La bienveillance, la discrétion, la fidélité et l'humour accompagnée d'un bon zeste d'affection ! Voilà le cocktail d'une belle histoire d'amitié.

Votre devise dans la vie ?

Transformer mes rêves en réalité !

Dominique **LIONNET,**
experte en beauté. Instagram : @dom_beautytalks

Le secret d'une amitié réussie ?
Existe-t-il des secrets comme autant de formules magiques pour qu'une amitié perdure ? Je n'en suis pas sûre, mais si je devais en choisir un, cela serait de rester soi-même avec l'autre. Ne pas s'inventer un personnage qui deviendrait difficile d'assumer sur le long terme. Je crois que nous y sommes arrivées toutes les deux. Nous cultivons l'empathie, la bienveillance, le respect, l'écoute, l'échange et la simplicité… en partageant livres et confidences, plaisirs et peines, nougats et poules au pot, emails rigolos et cafés au soleil, rires et dérision…

Votre devise dans la vie ?
Ma devise dans la vie ? Je crains d'en changer tout le temps ! En ce moment, j'emprunte beaucoup aux haïkus. Et le dernier que j'ai trouvé chez le poète japonais Santōka Taneda me correspond bien : « Qu'y faire ? / Sur mes contradictions / le vent souffle ».
Quand mon journal s'est arrêté il y quelques années déjà, Ines m'avait dit qu'il fallait que j'apprenne à donner du temps au temps et à vivre à contretemps. Une belle devise, non ? Je m'y efforce encore tous les jours.

***Didier* PAPELOUX,** maire adjoint de Villerville (Normandie)

Le secret d'une amitié réussie ?

La réussite d'une amitié s'impose à celles et ceux qui la nourrissent.
L'amitié entre un homme et une femme est d'une nature particulière.
Il y a des ex qui deviennent amis, les amoureux transis qui s'accrochent, les amants-amis, et il y a aussi de vraies, profondes et sincères amitiés, au-delà du désir et des jalousies qui auraient pu s'inviter.
Il faut savoir apprécier les qualités comme les défauts de nos amis.
Compter l'un sur l'autre est l'une des clés de l'amitié.

Votre devise dans la vie ?

Hum, ce serait réducteur ou prétentieux... Alors disons l'Euro, car l'Europe est notre salut et notre avenir à tous.

Lilou FOGLI, comédienne, scénariste
et fondatrice de la marque de beauté Château Berger
chateauberger.com

Le secret d'une amitié réussie ?

L'amitié pour moi rime avec confiance, sincérité et loyauté. L'envie de partager les bons comme, les mauvais moments. Ne pas se sentir juger jamais. J'aime à penser que l'amitié c'est pour la vie. C'est une véritable histoire d'amour finalement… sans sexe !

Votre devise dans la vie ?

Elle dépend des jours. Mais ces deux-là, j'essaie de les appliquer au quotidien :

- Un brin de folie égaye la vie.

- Ne demeure pas dans le passé, ne rêve pas du futur, concentre ton esprit sur le moment présent. Je bosse encore dessus pour être honnête ;-)

Bertrand BURGALAT, musicien et producteur

Le secret d'une amitié réussie ?
L'absence de jugement et la confiance.

Votre devise dans la vie ?
J'en ai deux :
- Tout espérer, ne rien attendre (Elisabeth Barillé).
- Ce qui ne tue pas rend plus forts.

Nicole WISNIAK, créatrice du magazine *Égoïste*

Le secret d'une amitié réussie ?
Adorer les défauts de ses amis.
Tolérer leurs qualités.
Être inconditionnelle.
Savoir deviner et savoir se taire.

Votre devise dans la vie ?
C'était mieux après.

Bénédicte **PERDRIEL,** gérante de sociétés

Le secret d'une amitié réussie ?

La confiance, le partage, la durée sont les piliers de l'amitié. La certitude que l'ami (e) sera toujours là pour aider, soutenir dans les moments difficiles que nous traversons tous un jour ou l'autre. C'est donc un engagement d'être là sans céder à la paresse ou à l'égoïsme naturel, sans considération de temps ou de géographie, présent toujours sans discussion. L'amitié, c'est aussi, puisqu'il n'y a jamais de jugement, la liberté de parole et la franchise, l'écoute de l'ami (e) est essentielle. C'est pour la vie ! Elle se renforce avec le temps, elle nous aide à vieillir avec le regard bienveillant de l'ami(e), elle est précieuse, mérite qu'on l'entretienne avec des petites attentions qui sont facilitées aujourd'hui grâce à la technologie : sms, photos, photos souvenirs (les meilleures), les bonjours, courage, bonne nuit. Nous nous soutenons presque au quotidien. Et pour couronner le tout, la socialisation développe notre cerveau :-)

Votre devise dans la vie ?

« Les amis sont des compagnons de voyage, qui nous aident à avancer sur le chemin d'une vie plus heureuse. », Pythagore. Mais aussi : « Un ami c'est quelqu'un qui croît en toi lorsque tu as cessé de croire en toi-même. »

Alexandre **MATTIUSSI,** créateur de la griffe Ami
amiparis.com

Le secret d'une amitié réussie ?

Le secret d'une amitié réussie repose sur la confiance et la bienveillance. En amitié, il faut savoir être à l'écoute de l'autre, et surtout ne rien attendre en retour. Une amitié sincère est inconditionnelle et pour la vie. J'aime mes amis comme j'aime ma famille, j'aime ma famille comme j'aime mes amis. Un ami c'est pour la vie.

Votre devise dans la vie ?

Ma devise dans la vie c'est d'être heureux. C'est d'essayer de tout faire et de tout mettre en place pour être dans un état de bonheur perpétuel.

Bernard CHAPUIS, journaliste et écrivain

Le secret d'une amitié réussie ?

Quand on s'est connus (sous Giscard d'Estaing), elle était nettement plus jeune que moi, j'étais nettement plus petit qu'elle et ça n'a pas changé.

Quand le temps passait, on s'est pas mal vus (sous Giscard d'Estaing, Mitterrand, Chirac, Sarkozy, Hollande, Macron, etc.), et c'était toujours comme si on s'était quittés la veille.

Quand je lui ai présenté Luigi et quand je l'ai présentée à Luigi, ils se connaissaient déjà.

Quand on était en juillet 89, elle était Marianne et j'étais son parrain.

Quand je regarde mes carnets de ses auto-caricatures, elle me fait toujours rigoler.

Quand André (son père) fait des maths, il est toujours abonné au Journal de Mickey.

Quand Nine est arrivée, je suis devenu le padrino et Nine ma petite chérie.

Quand ça a été le tour de Violette, je suis devenu son vieux Bernie.

Maintenant, ça y est : Nine et Violette sont plus grandes que moi et ça va durer.

S'il pleut dans ma vie, je sais qu'elle aura toujours un bout de toit pour moi.

Si jamais son frigo est vide, elle sait qu'il y a toujours des spaghettis chez Don Cambono.

Tout ça depuis le jour où on est tombés amis.

Mireille **PELLEN,** cavalière

Le secret d'une amitié réussie ?

Une immense affection.
Un profond respect.
Une grande confiance.
Partager une « Mauresque » en admirant un sublime coucher de soleil sur notre belle montagnette en terrasse au mas ou au coin de la cheminée. Bavarder, rigoler, positiver, vivre l'instant présent !

Votre devise dans la vie ?

Ces trois maximes d'Alfred de Musset :
« Voir, c'est savoir ; Vouloir, c'est pouvoir ; oser, c'est avoir. »
Et le tout enrubanné d'amour et de passion. Pour moi, ce sont les chevaux : j'aime les chouchouter, les toiletter, leur faire des tresses, des résilles, mettre des rubans ou des fleurs, en faire des stars !

Lydia **PUJOLS,** maquilleuse

Le secret d'une amitié réussie ?
Une amitié réussie, c'est celle qui résiste au temps, qui s'est nourrie d'énergie, d'inspiration, de partage dans la joie comme dans la peine et qui nous aide à nous épanouir et à avancer dans la vie.

Votre devise dans la vie ?
Rendre les gens le plus heureux possible.
Grâce à mon métier, je peux les rendre heureux en les mettant en valeur, afin qu'ils se sentent beaux et bien ; et pour les comédiennes et les comédiens en les aidant à aborder physiquement un personnage.
C'est un véritable bonheur pour moi.

Boris TERRAL, comédien

Le secret d'une amitié réussie ?

« Amitié », écrire ce mot me plonge entre les marronniers puisque c'est sur ces arbres que j'ai inscrit pour la première fois ce mot et, à côté, j'ai poursuivi avec le prénom de mon ami. Et puis l'amitié nous a amenés à inventer des codes secrets d'écriture et un peu plus tard nous avons taillé nos peaux pour y mêler nos sangs.

Je vois encore ces inscriptions, mais je ne retrouve pas le collier fabriqué et son pendentif coupé en deux, partagé. L'amitié, nous avons besoin de la sculpter et de la graver et de la triturer. Il m'arrive encore de trouver devant les écoles élémentaires des bureaux jetés. Et je compte les prénoms accolés dans les veines de ces petits plateaux de chêne.

Ma devise ?

« Je n'ai pas d'ami comme toi ? Non ? Non ? Non ! Non ! »
— Philippe Djian, Album Hüh! Stephan Eicher & Traktorkestar, 2019

Héloïse **BRION,** auteure de livres de cuisine
(*Miss Maggie's Kitchen*) et consultante

Le secret d'une amitié réussie ?

La réponse n'est pas palpable mais c'est le résultat d'un savant mélange de…
De liberté – deux êtres qui se retrouvent après des mois (voire des années) comme s'ils s'étaient quittés la veille, sans un reproche.
D'acceptation – aimer la personne telle qu'elle est, avec ses qualités, ses peurs, ses doutes, ses joies.
De loyauté… une confiance et une parole pour la vie en un regard.
De différences – d'héritage, de goûts, d'opinions… Quel enrichissement !
De silences – sereins et tellement remplis
Une amitié réussie est la Famille que l'on choisit.

Votre devise dans la vie ?

Ce n'est pas une répétition générale, la vie c'est maintenant !
Donc go, go, go ! Croyez en vous et réalisez vos rêves les plus fous.

Charlotte **CHESNAIS,** créatrice de bijoux

Le secret d'une amitié réussie ?

Ma vie est en grande partie accaparée par mon travail et mes enfants. Depuis six ans, j'ai beaucoup moins de temps ; être une amie à la hauteur relève parfois du défi. Malgré tout, j'essaie d'être là au maximum, là pour écouter et re-écouter, là pour ressortir de chez soi un mardi d'hiver à 21 h pour aller sécher des larmes ou boire trop de vin rouge, là pour dire les vérités qui sont bonnes à entendre, celles qui permettent d'avancer, mais qui ne sont pas les plus faciles à dire. Je n'essaie pas de changer mes amis, c'est plutôt eux qui ont le pouvoir de me changer, de me faire évoluer. Ils m'inspirent. Enfin tant qu'ils ne portent que mes bijoux, j'accepte tout de mes amis !

Votre devise dans la vie ?

Une amie m'a un jour partagé la devise d'un moine bouddhiste très drôle et très juste qui me va plutôt bien.
Il y a trois cas de figure dans la vie :
1 • tout va bien donc pourquoi s'inquiéter ?
2 • j'ai un problème, mais j'ai une solution donc pourquoi s'inquiéter ?
3 • j'ai un problème mais je n'ai pas de solution… donc pourquoi s'inquiéter ?

Andrée **ZANA MURAT,** auteure de livres de cuisine

Le secret d'une amitié réussie ?

AMITIÉ/ART DE VIVRE/CULTIVER LE BONHEUR.

Ressentir la beauté. Prendre du plaisir, savourer la gourmandise, un cadeau, plonger dans la mer, cultiver une forme de sensualité, de volupté au monde.
Même quand ça ne va pas, ne pas se plaindre (ça fait fuir tout le monde).
Être indépendant, respectueux, pas intrusif, pas en demande.
Garder la bonne distance, l'intimité, pas la familiarité.
Une façon d'éduquer ses enfants, partage, générosité, solidarité.
Le sens du clan, de la famille, même si ce n'est pas sa famille.
Fédérer les morceaux épars de la famille.
Savoir faire des compliments pour les petites et les grandes choses, remarquer, féliciter.
Rire seule et avec les autres, mais rire, autant qu'on peut.
Savoir, pouvoir s'abstraire, s'échapper des contingences (le travail, les enfants, les factures...). Ne pas en parler sans arrêt, ça n'intéresse personne.
Changer de dimension. Être curieux de l'histoire du monde, des Hommes, lire, regarder et parfois se perdre dans d'autres univers, d'autres tempéraments, d'autres points de vue.
Et au quotidien, une forme d'esthétisme pour son environnement immédiat, une jolie maison, une belle table, de beaux et bons produits à cuisiner, des vêtements qui vous conviennent et vous embellissent.
Avoir un talent, pour raconter, cuisiner, créer, se passionner, s'engager... être vivant.
Aimer, être aimé.

Une belle personne, à bonne distance, cultivant le plaisir, spirituelle, drôle... tout Ines, non ?

Liya **KEBEDE,** top model et créatrice
lemlem.com

Le secret d'une amitié réussie ?
Loyauté, écoute, complicité.

Votre devise dans la vie ?
Liya tournée vers les autres et les femmes de son pays natal, l'Éthiopie, Avec Lemlem, ma griffe de vêtements produite par des femmes à Addis Abeba, j'honore cette devise. Lemlem est née d'une responsabilité de préserver le savoir-faire ancestral du tissage en Éthiopie et de créer des emplois durables pour les artisans locaux. C'est cette philosophie éthique et humaine qui s'inscrit au cœur de nos valeurs et de notre démarche.

Gilles **BENSIMON,**
photographe

Écrire, parler de l'amitié est
un couteau à double tranchant.
Compter ses amis, c'est oublier
petites trahisons et autres
jalousies.
Pour moi, ce serait toujours dire
oui avant la fin de la question,
tout donner, accepter défauts
et qualités.
Être là.

Diego **DELLA VALLE,** PDG du groupe Tod's

Quel est le secret d'une amitié réussie ?
L'amitié est l'une des valeurs les plus importantes, elle est essentielle pour moi. Sans amis, ou sans famille, la vie n'a pas beaucoup de sens. Je n'ai jamais pensé que vous pourriez avoir une vie heureuse et sûre sans de grandes amitiés. L'amitié n'est évidemment pas créée artificiellement, elle vient de l'instinct et de la « chimie » entre les gens. Ceux qui n'ont pas d'amis ne savent pas ce qu'ils perdent.

Quelle est votre devise dans la vie ?
Diginité, devoir et amusement.

Elie **TOP,** joaillier
elietop.com

Le secret d'une amitié réussie ?
Une amitié réussie, c'est une amitié qui perdure au-delà des affinités électives qui en sont le ciment et lui donne naissance. Un ciment nécessaire à l'élévation au fil du temps de cette maison qu'est l'amitié dont les piliers ont pour noms : admiration, partage, respect, constance, attention et tendresse.

Votre devise dans la vie ?
Rien n'est jamais acquis.

Vincent **DARRÉ,** designer et architecte d'intérieur
maisondarre.com

Le secret d'une amitié réussie ?
Je suis un fou de l'amitié, c'est pour moi une religion, je voue un culte obsessif aux amis. Les années passent et les amis sont toujours présents, disparaîssent parfois, réapparaissant ensuite, une sorte de fil de la mémoire qui me relie à l'enfance.
Pas passéiste, chaque étape de ma vie fut guidée par le hasard des rencontres. Certaines deviendront de nouvelles familles, leurs maisons miennes, je m'y sens protégé par leurs regards attentionnés, ou plusieurs fois désemparé, j'y retrouve la force de continuer. C'est un rapport fusionnel et symétrique. Attendant de chacun la loyauté et fidélité nous soutenant comme les chevaliers d'une même confrérie.

L'amitié est aussi un terrain de jeu pour les projets inattendus. J'aime partir à l'aventure avec eux. Mes appartements ont toujours été des lieux de rencontres. J'aime y mélanger mes connaissances, savoir partager ses amis sans être jaloux est un exercice difficile.

J'admire mes amis et j'en suis fier, me demandant parfois pourquoi j'ai cette chance d'être tant aimé. Je suis un collectionneur d'amis et sans eux, je meurs d'ennui.

Ma devise ?
Sans amis, on n'est rien du tout, comme avait (presque) dit Édith Piaf.

Delphine **COURTEILLE,** coiffeuse

delphinecourteille.com

Le secret d'une amitié réussie ?

Une histoire d'amitié, c'est comme une histoire d'amour… Elles se construisent et se renforcent toutes les deux dans la durée et dans l'amour. Une amitié sincère et vraie traverse le temps, les épreuves du quotidien. Je peux être amenée à ne pas voir certaines de mes amies pendant de longues périodes. Dans ces moment-là, les unes comme les autres nous trouvons le moyen d'entretenir nos amitiés ; Je suis là pour elles malgré tout et inversement. Le plus génial dans tout ça, c'est que tout se fait dans la spontanéité, la franchise, la tolérance et la bienveillance. Enfin, mes amis savent qu'elles peuvent se confier à moi, je sais être discrète !

Votre devise dans la vie ?

Sois bienveillante envers les autres et envers toi-même ! Même si ce mot « bienveillance » est très utilisé ces derniers temps, sa pratique me fait beaucoup de bien. J'aime prendre soin des personnes qui m'entourent. Plus mon entourage est heureux, plus les ondes positives qu'il diffuse me portent.

Fifi CHACHNIL,
créatrice
fifichachnil.paris

Le secret d'une amitié réussie ?
Le sentiment de confiance mutuelle indéfinissable et indéfectible, lié à une vision commune des choses de la vie. La reconnaissance aussi.

Votre devise dans la vie ?
Se préparer au miracle.

Marie-France COHEN, fondatrice de la griffe Bonpoint, de la boutique parisienne Merci et de Démodé

Le secret d'une amitié réussie ?
Les amis, ce sont les fleurs sur l'arbre de ma vie. Les papillons, les abeilles qui fertilisent mon quotidien.

Votre devise dans la vie ?
Essayer de faire plutôt que dire.
Aimer plus, aimer mieux, aimer encore.
Ne pas se priver des autres et s'essayer à l'indulgence.
Rire, rire et rire encore.

Cindy **BRUNA,** mannequin
Instagram : @cindybruna

Le secret d'une amitié réussie ?

Une amitié c'est une relation à double sens dans laquelle chacun s'investit et comme l'amour ça s'entretient. C'est un choix donc c'est avant tout des actes de bienveillance, de soutien : d'amour. C'est aussi une relation où l'autre doit être accepté dans sa totalité, où l'amitié est donc inconditionnelle.

Votre devise dans la vie ?

La peur est l'ennemi de l'homme. Défais-toi de tes peurs et tout te réussira parce que tu croiras en tout ce que tu entreprendras.

« QUAND J'ENTENDS
" LES VRAIS AMIS
SE COMPTENT SUR
LES DOIGTS D'UNE MAIN ",
JE TROUVE CELA IDIOT.
J'AI ENVIE D'ÊTRE
Shiva. »

LES FILMS QUI DONNENT ENVIE DE SE FAIRE DES AMIS

LA VIE EST BELLE

de Frank Capra (1946)
Quand un homme bienveillant a tout perdu, il lui reste toujours ses amis. Un film en noir et blanc comme je les aime. Avec le beau James Stewart.
La réplique culte :
« Cher George, rappelle-toi qu'un homme qui a des amis n'est pas un raté. Merci pour les ailes ! Amitiés, Clarence. »

E.T., L'EXTRA-TERRESTRE

de Steven Spielberg (1982)
C'est l'un des films qui montre que l'amitié peut réunir des êtres très différents. C'est un film quasi autobiographique pour Spielberg qui n'avait pas beaucoup d'amis dans son enfance. Il était fasciné par les ovnis et s'était inventé un ami.
La réplique culte :
« E.T. Téléphone. Maison. »

THELMA ET LOUISE

de Ridley Scott (1991)
Plus qu'un film sur l'amitié, ce *road movie* est devenu un film iconique de toutes les féministes qui prouvent que l'union de deux femmes confrontées à des hommes violents, fait la force. Ce film a aujourd'hui 30 ans et s'inscrit comme film référence des « buddy movies », ces films où des potes vivent ensemble des aventures.
La réplique culte :
« Louise, quoi qu'il arrive, je suis contente d'être partie avec toi ! »

L'ÉPOUVANTAIL

de Jerry Schatzberg (1973)
Un film dans lequel deux *losers* décident de faire route ensemble. Des sentiments simples, mais qui fonctionnent puisque le film a reçu la Palme d'or au Festival de Cannes. Al Pacino et Gene Hackman forment un duo forcément attachant.
La réplique culte :
« Pourquoi moi ?
Parce que tu m'as offert ta dernière allumette et que tu m'as fait rire. »

BUTCH CASSIDY ET LE KID

de George Roy Hill (1969)
Un film qui réunit : la cavale de deux amis qui sont Robert Redford et Paul Newman est forcément un film à voir… et à revoir !
La réplique culte :
« Si je me noie, je te tue ! »

LE TROU

de Jacques Becker (1960)
En prison, Gaspard apprend que ses codétenus ont décidé de s'évader en creusant un tunnel. Il se lie d'amitié avec eux. Le film a été salué par la critique : François Truffaut dit qu'il est un chef d'œuvre. Ce long-métrage est un des plus grands films français.
La réplique culte : « Pauvre Gaspard ! »

LA GRANDE ÉVASION

de John Sturges (1963)
Ce film avec Steve McQueen est tiré d'une histoire vraie : en 1943, durant la Seconde Guerre mondiale, des aviateurs de différentes nationalités retenus dans un camp de prisonniers organisent une fuite collective via un tunnel.
La réplique culte : « Wow ! »

« La vraie amitié, ce n'est pas d'être inséparables, c'est d'être séparé et que rien ne change ».

L'amitié en *musique*

I'll Be There For You
des Rembrandts (1995), la chanson du générique de *Friends*.

Chanter « Je serai là pour toi » est la meilleure façon de résumer l'amitié ! La série est aujourd'hui mythique. C'est une ode à l'amitié. Dans chaque épisode on en apprend plus sur les relations amicales. Comme des leçons sur l'amitié, la série nous donne l'impression que ces liens sont inaltérables. D'ailleurs ils ont réussi à garder cette complicité même en dehors de l'écran.

Que nous ont appris ces *Friends* pour la vie ?

Joey a souvent des opinions différentes que les autres... Et alors ? C'est Joey !

Comme Phoebe, il faut apprendre à ne pas se soucier du regard des autres.

Inspirez-vous de Chandler qui voit toujours la partie positive d'un problème.

Rien n'est grave ! Il faut prendre des risques et ne pas avoir peur du changement. C'est l'un des points communs de tous les *Friends*. Et c'est cela qui rend cette série passionnante.

Accepter vos amis tels qu'ils sont. C'est l'une des clés de la bonne entente au sein des *Friends*.

Avoir un bon copain

de Henri Garat (1930)
Ça date un peu, mais pouvoir fredonner « Avoir un bon copain, voilà ce qu'il y a de meilleur au monde » est toujours sympa ! Comme se persuader que l'« on rit de ses chagrins quand on possède un bon copain. »

Pas d'ami comme toi

de Stephan Eicher (1991)
L'écrivain Philippe Djian est l'auteur des paroles de cette chanson. Si on cherche loin dans la signification, on peut imaginer que l'ami masculin est source d'attirance : « Et si tu touches mes mains, je m'arrange pour ne pas y penser. » Peut-être plus amour qu'amitié, cette chanson est dans tous les cas un hommage à la fraternité.

Lean On Me

de Bill Withers (1972)
« Appuie-toi sur moi », ici aussi l'amitié est décrite comme permettant de surmonter des problèmes. Mary J. Blige avait interprété cette chanson en 2009 lors de l'investiture de Barack Obama. Un symbole.

Place des grands hommes

de Patrick Bruel (1989)

« On s'était dit rendez-vous dans 10 ans. »
Qui n'a pas rêvé de retrouver ses copains d'études après s'être installé dans la vie ?
Patrick Bruel et Bruno Garcin avaient écrit cette chanson pour l'émission de télé « Avis de recherche », où Patrick retrouvait justement ses amis de classe.
Si certains veulent prendre la chanson au pied de la lettre, sachez que la *Place des grands hommes* est en fait la place du Panthéon, comme le mentionne ces paroles : « Dernière ligne droite, la rue Soufflot ».
Quand on est Parisienne, on ne laisse jamais ce genre d'imprécision sans explication…

•

Si t'es mon pote

de Renaud (1985)

Je ne vous donne pas l'impression d'être une fan de Renaud ?
Pourtant, je l'adore ! J'aime son look (j'ai le même bandana), et comme lui, j'aime passer du temps à la Closerie des Lilas (71, boulevard du Montparnasse, Paris 6e).
Cette chanson sur l'amitié est mythique rien que pour ces paroles :
« Mais si t'es mon pote, Tu m'laisses tricher un Scrabble. »

•

Waiting on a Friend

des Rolling Stones (1981)

Écrite par Mick Jagger et Keith Richards, cette chanson parle de l'amitié au sein de leur groupe.
Forcément mythique !

Count On Me
de Bruno Mars (2010)
Un peu comme le générique de *Friends*, cette chanson dit que l'on peut toujours compter sur ses amis. Simple. Basique.

La *liste* de vos amis

Parfois, il est bon de s'arrêter et de se demander quels sont les amis sur lesquels on peut compter. Ceux qui peuvent compter sur vous, ceux qui font vraiment partie de votre vie. Cela permet de faire le point et aussi de mettre à jour cette liste pour les invitations à votre prochain anniversaire. Je suis très fidèle en amitié, mais il vrai que les listes peuvent évoluer : certains noms peuvent apparaître. Rares sont ceux qui disparaissent.

QUAND JE DONNE
MON AMITIÉ, C'EST
POUR LA VIE !

ATTRAPEZ L'Amour !

« Le secret du bonheur en amour,
ce n'est pas d'être aveugle,
mais de savoir fermer les yeux
quand il le faut. »

— Simone Signoret

LA MEILLEURE THÉRAPIE POUR CONTRER
LE VIEILLISSEMENT ?

L'Amour.

QUAND ON EST AMOUREUX ET QUE L'ON PARTAGE LA VIE DE QUELQU'UN, NORMALEMENT, ON PREND SOIN DE SOI.

ET RÉSULTAT : ON VIEILLIT MOINS VITE.

Mais cela ne veut pas dire que si l'on ne trouve pas l'amour, on va mourir plus vite : aimer la vie suffit pour avoir envie de prendre soin de soi.

Je dis cela pour toutes mes copines qui me confient après leur divorce qu'elles ne veulent plus jamais partager la vie d'un homme…

CE QU'IL FAUT ÉVITER À TOUT PRIX ?

Se laisser aller et finir toutes ses soirées devant la télé en mangeant le pot de crème glacée à la cuillère.

QUE CE SOIT UN AMI, UN AMANT OU SIMPLEMENT LA VIE, L'ESSENTIEL EST DE VIVRE UNE PASSION.

La phrase de Simone Signoret en ouverture de ce chapitre résume très bien la réussite d'une relation amoureuse : il faut savoir passer sur des petits détails, qui n'auront aucune importance le lendemain. Demandez-vous : la nuit a-t-elle fait disparaître le problème, ou est-ce que j'y pense encore en me réveillant ? Si la nuit a porté conseil, ce n'en était pas un ! Pour aimer la vie, aussi, il faut savoir ne pas prendre tout en compte et vite oublier ce qui pourrait nous chagriner. Faire le tri et ne retenir que le positif.

Même si on a une vie difficile, il est – encore plus – important de ne pas s'arrêter trop longtemps sur ce qui ne va pas. Et s'entourer aussi de gens bienveillants qui nous veulent du bien. Si vous trouvez qu'il est difficile de trouver du positif dans votre vie, regardez l'un de ces films et votre journée en sera transformée. C'est ce qu'on appelle des « feel good movies », littéralement des « films pour se sentir bien ». On peut en consommer sans modération. On peut même s'en faire des festivals.

D'ailleurs, je me demande pourquoi on n'a pas de festival de « feel good movies »…

LES FILMS QUI DONNENT ENVIE DE TOMBER AMOUREUX

L'IMPOSSIBLE MONSIEUR BÉBÉ

de Howard Hawks
avec Katharine Hepburn
et Cary Grant (1938)
La réplique culte :
« Il n'y a que deux choses que je dois faire :
finir mon brontosaure et me marier
à trois heures. »

LE CIEL PEUT ATTENDRE

de Ernst Lubitsch avec Gene Tierney
et Don Ameche (1943)
La réplique culte :
« La probabilité qu'un individu ait raison
augmente en proportion directe
de l'intensité avec laquelle les autres
essaient de lui prouver qu'il a tort. »

CASABLANCA

de Michael Curtiz
avec Humphrey Bogart
et Ingrid Bergman (1942)
La réplique culte :
« Nous aurons toujours Paris ! » ou
« Était-ce un coup de canon,
ou bien mon coeur s'emballe-t-il ? »

COMMENT ÉPOUSER UN MILLIONNAIRE ?

de Jean Negulesco avec Marilyn Monroe
et Lauren Bacall (1953)
La réplique culte :
« La plupart des femmes utilisent plus
leur cerveau pour choisir un cheval
au tiercé que pour choisir un mari. »

CERTAINS L'AIMENT CHAUD

de Billy Wilder (1959)
La réplique culte :
« Les hommes qui portent des lunettes
sont tellement plus doux, tendres
et sans défense. »

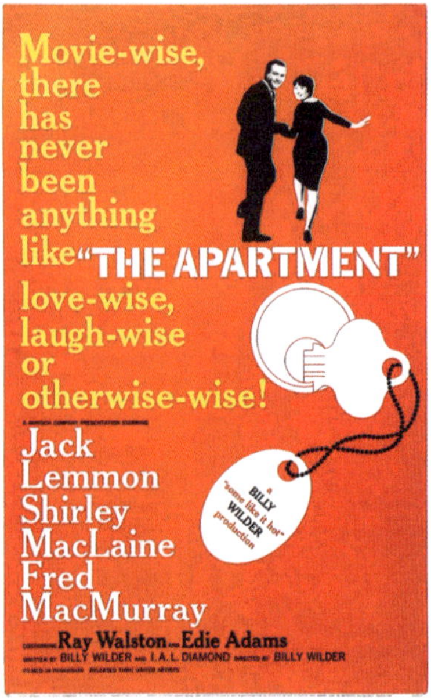

LA GARÇONNIÈRE

de Billy Wilder avec Shirley MacLaine
et Jack Lemmon (1960)
La réplique culte :
« Comment puis-je être si stupide ?
Depuis le temps, tu pourrais penser
que j'avais appris : quand tu es amoureuse
d'un homme marié, tu ne devrais pas
porter de mascara. »

DIAMANTS SUR CANAPÉ

de Blake Edwards
avec Audrey Hepburn (1961)
La réplique culte :
« Soyez tout sauf un lâche, un imposteur, un escroc des sentiments : je préfère avoir un cancer qu'un cœur malhonnête. »

CHARADE

de Stanley Donen
avec Cary Grant
et Audrey Hepburn (1963)
La réplique culte :
« Je ne mords pas vous savez...
sauf si on me le demande. »

QUAND HARRY RENCONTRE SALLY

de Rob Reiner avec Meg Ryan
et Billy Crystal (1989)
La réplique culte :
« Je suis venu te voir, parce que quand on réalise qu'on veut passer le reste de sa vie avec quelqu'un, on veut que le reste de sa vie commence le plus tôt possible. »

THE HOLIDAY

de Nancy Meyers avec Cameron Diaz
et Kate Winslet (2006)
La réplique culte :
« Je suppose que je pense à l'amour plus que quiconque ne le devrait vraiment. Je suis constamment étonnée par son pouvoir absolu de modifier et de définir nos vies. »

FORREST GUMP

de Robert Zemeckis avec Tom Hanks
et Robin Wright Penn (1994)
La réplique culte :
« Jenny et moi allons ensemble comme les petits pois et les carottes. »

Les *chansons* pour créer une ambiance *amoureuse*

When a Man Loves a Woman
de Percy Sledge (1966)
Spontanément c'est ce qui me vient en premier ! Peut-être grâce au titre, mais parce que c'est aussi la musique des slows de mon adolescence (comme *Thats How Strong My Love Is* d'Otis Redding). On prend ces chansons très au sérieux à cet âge-là.

And It's Supposed to Be Love
d'Ayo (2006)
J'adore la voix sexy d'Ayo et l'ambiance de cette chanson. Bon, la vérité ? J'écoutais cette chanson dans ma voiture en allant à mes premiers rendez-vous avec mon amoureux…

Thinking Out Loud
d'Ed Sheeran (2014)
Quand on pense chanson d'amour, on pense tout de suite à *L'hymne à l'Amour* d'Édith Piaf. Alors je casse la tradition en proposant quelque chose de plus contemporain comme celle-ci : les chansons d'amour n'ont pas forcément un âge canonique !

Tes tendres années

de Johnny Hallyday (1963)
C'est le summum de la chanson d'amour, car c'est un homme qui aime une femme qui en aime un autre, mais son amour est inconditionnel. À la disparition de Johnny, personne n'a évoqué cette chanson. Elle reste ma préférée, c'est l'une de mes favorites au monde.

L'Appuntamento

d'Ornella Vanoni (1970)
Cela dit « Je me suis trompée déjà tant de fois, je le sais déjà, aujourd'hui je me trompe encore probablement… », mais voilà ! c'est le miracle de l'amour ! Un classique de la variété italienne.

That's How Strong My Love Is

d'Otis Redding (1965)
Difficile pour moi de faire une playlist sans Otis Redding. Depuis mes 13 ans, je n'ai jamais cessé de l'écouter. Bon, j'hésite aussi avec *I've Been Loving You Too Long*.

Marry You

de Bruno Mars (2011)
"Hey baby, I think I wanna marry you!"
(« Hey bébé, je pense que je veux me marier avec toi ! »), ça a le mérite d'être clair. Plutôt pratique pour ceux qui ne veulent pas trop se mouiller… on met la chanson et on voit si ça passe… ou ça casse.

I Love You

de Frank Sinatra (1962)
"You're just too good to be true..." (« Tu es juste trop bien pour être vraie »). Eh bien... on aimerait bien qu'on nous dise cela.

10 PHRASES À NE JAMAIS DIRE À SON AMOUREUX/EUSE... À MOINS QU'ON VEUILLE LE/LA PERDRE !

1

« Mon ex avait
un self contrôle dingue.
**Il/Elle ne s'énervait
ja-mais.** »

2

« Ton ex-petit(e) ami(e)
n'avait pas un Q.I. très élevé.
Parfois, j'ai l'impression
en faisant l'**inventaire
de tes ex** que tu ne te respectais
pas tellement. »

3

« Cela a été les meilleures vacances
de ma vie. Dommage que tu n'aies pas
pu venir ! »

4

« Tu n'as pas un peu **grossi ?** »

5

« C'est dingue, j'ai l'impression que **ton frère/ta sœur** a toutes tes qualités sans avoir tes défauts ! »

6

« Tu t'es brossé les dents ? »

7

« Ta salle de sport n'a pas **rouvert** après le confinement ? »

8

« Je me réjouis de la rentrée ! C'est sympa les vacances, mais vivre en vase clos tous les deux durant deux semaines, ça fait **long**... »

9

« **À qui** envoies-tu un **message** ? »

10

« **Ma nouvelle cheffe** au bureau est incroyable : elle est belle, intelligente, drôle, brillante.

Elle a vraiment tout pour elle.

Ça fait longtemps que je n'avais pas rencontré quelqu'un d'aussi parfait. »

« **Mon nouveau chef** au bureau est incroyable : il est beau, intelligent, drôle, brillant.

Il a vraiment tout pour lui.

Ça fait longtemps que je n'avais pas rencontré quelqu'un d'aussi parfait. »

10 PHRASES À DIRE POUR GARDER SON AMOUREUX/SON AMOUREUSE… ET LUI DONNER ENVIE DE VOUS GARDER À VIE !

♥ « CE QUE J'AIME CHEZ TOI, C'EST… » ♥

À vous de trouver une ou deux choses qui le/la caractérise… Si vous ne trouvez pas, il va falloir songer à changer de petit ami/petite amie…

« JE VAIS avoir du mal À TROUVER UN(E) AMANT(E) PLUS PERFORMANT(E) QUE TOI… »

« JE NE SUIS PAS PRESSÉ(E) DE M'ENGAGER »

Son besoin de conquête va vous faire changer d'avis. Tout le monde raffole de challenges.

Attention,

ça marche sur des personnes qui ne sont pas pressées de s'engager. Sur les addicts au romantisme, cela peut avoir l'effet contraire.

« TU AS UN REGARD INCROYABLE »

ÇA MARCHE TOUJOURS

« ET SI ON ALLAIT **DÎNER** CHEZ TA **MÈRE** ? »

« TU N'AS PAS UN **PEU** MAIGRI ? »

(MÊME SI CES QUELQUES BIÈRES LUI ONT GONFLÉ LE VENTRE...)

« JE N'AVAIS **aucune idée** DE CE QUE POUVAIT ÊTRE **le bonheur** AVANT DE TE RENCONTRER. »

« J'AI *TELLEMENT* DE *CHANCE* DE T'AVOIR RENCONTRÉ(E) »

« COMMENT FAIS-TU POUR ÊTRE CHIC MÊME EN TONGS EN PLASTIQUE ? »

« **Ton intelligence mériterait d'être reconnue d'utilité publique** »

COMMENT LUI DÉCLARER SA *flamme* SUR *Instagram* ?

Même si c'est un peu bateau, faire un post le jour de la **Saint-Valentin** est toujours d'une bonne efficacité. Mais attention à ne pas être trop mièvre. On peut lui faire remarquer l'un de ses petits défauts. Bon, mon amoureux n'en a pas, donc je n'ai pas d'exemple… Mais si il en a, il faut tout de suite lui rappeler qu'on l'aime quoi qu'il arrive.

Pas besoin d'être très prolixe. Quelques mots suffisent et un peu d'humour est toujours bienvenu… Une photo de votre amoureuse/amoureux avec le commentaire « Je crois que je vais le/la garder » fera très bien l'affaire.

Une photo toute simple avec les mots « ***Mon soleil*** » ou « ***l'amour de ma vie*** ». C'est surtout bien quand vous avez été collectionneur / collectionneuse d'aventures. Ça pose le décor de votre nouvelle vie. Je connais des garçons très intelligents qui se sont servis d'une photo de leur amoureuse pour ouvrir leur compte ***Instagram*** histoire de poser les bases.

COMMENT *séduire* À COUP SÛR !

☛ C'EST TRÈS SIMPLE ! Selon le docteur en psychologie Arthur Aron, il suffirait de poser des questions à la personne que vous souhaitez séduire et le tour est joué ! L'explication : en répondant à des questions intimes, la personne se rend vulnérable et s'imagine déjà très proche de l'intervieweur/l'intervieweuse.

On n'a pas testé, mais on sait que quand le professeur a fait l'expérience, des couples se sont formés, et certains se sont même mariés.

LA CONCLUSION DE CETTE ÉTUDE : ***plus on se confie à l'autre, plus la relation est forte.***

Bon, ça j'aurais pu le deviner toute seule, mais avoir ces questions en tête peut toujours être utile.

S'IL FALLAIT N'EN RETENIR ***QU'UNE*** JE GARDERAI :

- En quatre minutes, racontez l'histoire de votre vie, avec le plus de détails possibles.

....

....

....

....

Connaître la vie des gens est le meilleur moyen de voir si on est compatible. Un homme qui n'aime pas les chiens est éliminé d'office !

Parmi les 36 questions DU DOCTEUR ARTHUR ARON, ***vous pouvez aussi retenir :***

Ça animera vos dîners à deux

- Si vous vous aviez le choix de n'importe qui dans le monde, qui inviteriez-vous à dîner ?

- À quoi ressemblerait une journée « parfaite » pour vous ?

- Si vous pouviez vivre jusqu'à 90 ans et garder soit l'esprit, soit le corps d'un trentenaire pour les 60 dernières années de votre vie, que choisiriez-vous ?

- De quoi vous sentez-vous le plus reconnaissant dans votre vie ?

- Si vous pouviez changer quelque chose dans la façon dont vous avez été élevé, de quoi s'agirait-il ?

- Si vous pouviez vous réveiller demain en ayant acquis une qualité ou une compétence, laquelle serait-ce ?

- Quel est le plus grand accomplissement de votre vie ?

- Quel est votre plus beau souvenir ?

- Quel est votre pire souvenir ?

- Que signifie l'amitié pour vous ?

- Dans quelle mesure votre famille est-elle unie et chaleureuse ? Pensez-vous que votre enfance a été plus heureuse que celle de la plupart des gens ?

- Que pensez-vous de votre relation avec votre mère ?

- Complétez cette phrase : « J'aimerais avoir quelqu'un avec qui partager… »

- Dites à votre partenaire ce que vous aimez chez lui ou chez elle ; soyez très honnête cette fois, en disant des choses que vous ne diriez peut-être pas à une personne que vous venez de rencontrer.

- Quand avez-vous pleuré devant quelqu'un pour la dernière fois ? Et tout seul ?

- De quoi ne peut-on pas rire ?

- Votre maison, contenant tout ce qui vous appartient, prend feu. Après avoir sauvé vos proches et vos animaux de compagnie, vous avez le temps d'aller récupérer en toute sécurité une seule chose.
  Laquelle serait-ce ? Pourquoi ?

À la fin de ces questions, regardez l'autre dans les yeux
en silence pendant quelques minutes…

→ *Et faites-moi signe* ←
si cela débouche sur un mariage !

Check-List

Notez les qualités et défauts de votre amoureux, amoureuse. Et discutez-en tous les deux.

une FAMILLE

formidable

« Le bonheur est contagieux. Ce qui enchante un enfant, c'est le bonheur dans lequel il baigne. Si vous souhaitez son bien-être, travaillez à vous rendre heureux. »

— Boris Cyrulnik

La famille, c'est aussi là que se développe le bonheur qui nous suivra toute notre vie. Si on a envie d'une jolie vie de famille, il est essentiel de s'arrêter et de réfléchir à notre enfance afin de savoir ce qu'on veut garder et ce qu'on veut ne pas garder du tout. Ne pas passer par cette réflexion peut être dommageable pour le reste de votre vie. Il faut analyser ce qu'on a vécu sans le juger.

On devient adulte
quand on trouve des excuses à ses parents et qu'on ne cherche pas à les changer.

Il faut aussi accepter de ressembler à nos parents tout en ayant en tête qu'on a une histoire et un patrimoine génétique différent. Souvent, il faut essayer de comprendre pourquoi on a telle ou telle réaction.

Il y a toujours une raison, et si on la connaît, on la dédramatise très facilement.Pourquoi on n'aime pas fêter les anniversaires ? Peut-être simplement parce que vos parents ne l'ont jamais fait.

Quand on a des enfants, il est indispensable d'avoir intégré cette donnée révélée par l'étude des neurosciences :

L'empathie et la bienveillance d'un parent envers un enfant contribuent au bon développement de son cerveau.

Une fois que vous avez assimilé cette conséquence, le travail d'éducation (oui, c'est un peu un travail…) sera bien plus facile. Et plus efficace.

Qui a décrété que la gentillesse était mièvre et l'apanage des faibles ?

Je milite aujourd'hui (avec un gilet rose) pour le retour de la bonté.

Parents, indignez-vous : soyez gentils !

LA CONDITION POUR UNE BONNE ÉDUCATION : LA CONFIANCE

Le mauvais cocktail qui donne une gueule de bois aux parents ? Le manque de confiance en leurs enfants et la peur. S'ils ont cela comme base d'éducation, ils vont se noyer dans les conflits sans réelle raison.

MA RECETTE POUR RENDRE SES ENFANTS HEUREUX ?

1

BEAUCOUP DE BISOUS DÈS LA NAISSANCE. Les prendre dans les bras est aussi hautement recommandé. Et aussi ne pas hésiter à se balader avec eux dans le porte-bébé quand on fait le ménage ou qu'on travaille pendant qu'ils font la sieste comme un ***petit kangourou***.

Je me fie à toutes les études qui recommandent la **MÉTHODE KANGOUROU** pour les enfants prématurés.

LE CONCEPT ? Mettre le nourrisson ***peau contre peau*** avec son parent. Cette méthode réduit la mortalité, les maladies graves, les infections et la durée des hospitalisations. Elle accroit aussi la durée du sommeil. Inventée en ***Colombie*** en 1978 pour pallier le manque d'appareils pour réchauffer les prématurés, cette méthode prouve que l'affection et le toucher ont des bienfaits considérables sur le bien-être des enfants.

2 • PRATIQUER L'HUMOUR.

PRENDRE ***TROP*** LES CHOSES ***AU SÉRIEUX***
REND LA VIE
TELLEMENT TRISTE.

JANET GIBSON, professeur de psychologie cognitive au Grinnel College dans l'Iowa, démontre dans un article de *The Conversation* que l'humour est un signe de bonne santé mentale. Et si on a de l'humour, il faut en faire bénéficier les autres car cela contribue à leur bien-être. Il diminue le stress et permet une meilleure complicité avec les autres.

Sachez-le : faire rire ne doit pas être pris à la légère… c'est du sérieux !

3

NE JAMAIS **COUPER** LA COMMUNICATION.

Parler avec ses enfants fait aussi partie de la base d'une éducation réussie. Surtout en ce qui concerne les sujets qu'on dit *« sensibles »*.

FINIE L'ÉPOQUE OÙ ON NE PARLAIT PAS DES DANGERS DE LA DROGUE, DE L'ALCOOL, ETC. *L'objectif :* que l'enfant se sente protégé et armé pour affronter tous les risques. Ne pas en parler avec lui peut être vraiment dangereux. Il faut qu'il soit préparé. Qu'on lui détaille toutes les manières de se sortir de situations délicates. Savoir qu'il ne faut pas avoir peur de rentrer dans un commerce pour chercher de l'aide si un adulte bizarre le suit. Je suis toujours étonnée de voir que pour certains parents au 21e siècle il y a encore des sujets tabous. Les enfants ne vous attendent plus pour s'informer, alors autant leur donner notre point de vue et notre façon de se sortir d'un problème.

POUR ÉCHANGER AVEC SES ENFANTS, *il faut essayer de conserver les repas à table sans télévision et sans téléphone*. Cela peut paraître *évident* de vous dire cela, mais je connais de nombreux parents qui ne déjeunent, ou dînent *jamais* avec leurs enfants. C'est dommage.
Pendant longtemps on a dit : « C'est la qualité du temps qu'on passe avec les enfants qui est important ». C'est vrai, mais je pense que la quantité aussi est nécessaire. Ils ont besoin de temps pour raconter leur vie !

N'OUBLIEZ JAMAIS QU'ON EST UN EXEMPLE POUR LES ENFANTS !

Si on s'énerve vite, qu'on profère des injures, qu'on pique des colères, il ne faudra pas s'étonner si nos enfants font pareil. L'agressivité n'a jamais été recommandée comme principe d'éducation…

Je crois ne pas trop m'avancer en écrivant cela.

4 « règles » QUE J'AIME BIEN

Avoir UNE CERTAINE ROUTINE

Quand ils sont petits, je pense qu'une régularité dans les horaires est nécessaire. Notamment pour le sommeil. Combien de fois ai-je entendu des enseignants dire à des réunions de classe : « N'hésitez pas à coucher vos enfants à des heures correctes. Le pupitre de l'école n'est pas le meilleur endroit pour rattraper le sommeil en retard. » À ce propos, ne zappez pas le rituel du coucher avec lecture d'une histoire : ça favorise le développement de leur cerveau. Cela a été prouvé scientifiquement.

Écrire LISIBLEMENT

Premièrement parce qu'on n'a pas tous fait des études de hiéroglyphe pour décrypter les écritures bâclées. Ensuite parce qu'à l'école, les professeurs n'ont pas le temps de déchiffrer des copies avant de les corriger.

Se brosser LES DENTS ET *se laver* TOUS LES JOURS.

Bien se tenir À TABLE

On ne tient pas ses couverts comme une raquette de tennis et on ne parle pas la bouche pleine car cela empêche une bonne digestion.

LES ENFANTS ONT BESOIN D'UN *CADRE*, DE *RÉGULARITÉ*, DE CHOSES QUI LES *RASSURENT*.

Ce dont ils n'ont pas besoin ?

D'une autorité trop **ABUSIVE**

La sévérité ne sert à rien. Tout comme la multiplication d'interdictions. Quand on interdit aux enfants de manger des bonbons, ils se débrouilleront toujours pour en manger à un moment ou un autre. Et beaucoup plus que si on leur en avait donné juste un peu.

Interdire conduit au désir

Avoir une routine permet aussi de la briser et de faire parfois des choses inattendues comme sortir le soir dans la rue parce qu'il a neigé, ou pique-niquer dans la chambre plutôt que manger bien assis à table.

N'OUBLIEZ JAMAIS QUE VOS ENFANTS NE VOUS APPARTIENNENT PAS !

J'ai toujours pensé qu'avoir des enfants était un miracle (les miens en sont vraiment un car j'ai eu beaucoup de mal à tomber enceinte). Et j'ai aussi compris qu'ils ne sont pas notre propriété privée. Nous en sommes responsables, mais ce sont des individus qui un jour vivront très bien sans nous. C'est pour cela qu'il faut accepter le fait qu'on ne contrôle pas tout, et que tout ne dépend pas de nous. Très vite, il faut accepter que nous ne sommes pas leur centre du monde. Notre mission est de les rendre autonomes.

Je peux évidemment me reprocher plein de choses dans l'éducation.

Parfois, je voyageais *beaucoup*. Je me disais « ce n'est que 4 jours loin d'eux, ce n'est pas long ». Mais pour eux, 4 jours, cela faisait long.

Je veux toujours voir que le côté positif de la vie, je relativise tout. Mais cette philosophie peut être agaçante. *J'en suis consciente*.

IL FAUT ACCEPTER QU'ON NE SOIT PAS PARFAIT.

• LA PHRASE QUI M'A **LIBERÉE** DE TOUT •

« IL N'Y A PAS DE MÈRE PARFAITE, MAIS IL N'Y A PAS DE MEILLEURE MÈRE QUE VOUS. »

— Catherine Dolto-Tolitch

Cette pensée fonctionne aussi si vous êtes un père.

Il faut arrêter de penser qu'on peut tout contrôler.

On vit avec tout ce qu'on trimballe, alors *restez naturel* et vous serez le *meilleur parent du monde* pour vos enfants.

3 PHRASES COMPLÈTEMENT ABSURDES QU'OSENT PRONONCER CERTAINS PARENTS

« J'en ai reçu des *torgnoles* et je n'en suis *pas mort* ! »

« On part que tous les deux. On sera tranquilles sans les enfants ! »

« NE FAIS PAS *L'ENFANT* ! »

UN·UNE ADO, MAIS C'EST TRÈS ***SIMPLE*** !

Et si les crises d'adolescence venaient des parents qui ne supportent pas de voir leurs petits grandir ? C'est une période de changement… ***qui passe.*** Durant cette phase qui peut aller de 12 à 18 ans, voire plus, il est important de se rappeler que l'éducation par l'humiliation est la pire des solutions. En parlant avec ses enfants, on obtient de bien meilleurs résultats qu'en entrant en opposition avec eux, surtout en cette période où ils sont déjà en mode « révolution ». ***Désamorcez la tension, c'est votre mission !***

POUR UNE RELATION PARENTS-ADO APAISÉE

Ne pas *s'énerver* de façon *disproportionnée*.

Votre ado a laissé une canette de soda traîner dans le salon, il/elle a laissé des vêtements traîner dans sa chambre… Pas la peine de le/la punir de sorties pendant une semaine pour ne pas qu'il/elle recommence. C'est totalement disproportionné. Stupide. Donc vous perdrez en ***crédibilité parentale***. Savoir se contrôler et mesurer les choses est l'apanage des parents. Avant de partir comme une furie pour une culotte laissée par terre, imaginez-vous ce qu'aurait fait le Dalaï-Lama !

Ne jamais couper la communication pour des *broutilles*.

Si vous perdez la communication, vous perdez la ***complicité***. Il faut qu'ils puissent nous raconter tout ce qui les chagrinent. Qu'ils sachent qu'on est toujours disponible pour eux, même s'ils préfèrent parfois parler à leurs amis. Dans tous les cas, ce n'est pas parce qu'ils ont oublié de descendre la poubelle qu'il faut qu'on fasse sa mauvaise tête. Penser comme un moine bouddhiste quand on a des ados à la maison est la solution à tous les « problèmes » !

SIX CHOSES À NE SURTOUT PAS FAIRE À DES ADOS

- Ne pas laver *immédiatement* le sweat qu'ils ont mis dans la corbeille à linge sale la veille vous conduira direct à l'échafaud.

- Demander à votre ado de 18 ans s'il compte dîner ce soir à la maison pourrait vous faire accuser de *nazisme*.

- Fixer une heure de rentrée de soirée fera de vous une *Thénardier*.

- Émettre un commentaire *un brin négatif* sur son petit ami ou sa petite amie vous cataloguera directement parmi les *frustrés* de la *vieillesse*.

- Dire que le trait d'*eye liner* de l'amie de votre ado fait gothique vous reléguera en ligue des *has been*.

- Les inviter en vacances *sans leurs amis* vous prouvera qu'ils savent très bien se faire inviter à passer des vacances, *sans vous*.

POUR SE DOCUMENTER SUR LES ADOS...

Regarder *La Boum* de Claude Pinoteau. Ce film devenu culte a su saisir cette période de transition. Seule différence : en 1980, les ados n'avaient pas de téléphone portable, mais les réactions à l'éducation restent les mêmes !

COMMENT NE PAS DÉCOMPOSER UNE FAMILLE RECOMPOSÉE ?

Être beau-père ou belle-mère est certainement le rôle le plus délicat dans une famille. Le nom est d'ailleurs trompeur… Ce qu'il faut vraiment savoir : un beau-parent a des devoirs mais pas de droits. Le rôle est complexe : on peut donner des conseils (pas forcément suivis), mais il ne faut jamais être autoritaire et surtout ne pas vouloir jouer les pères ou les mères de substitution. Pour résumer : il faut regarder tout cela de très loin. Avoir une certaine distance avec les événements montre qu'on a intégré le rôle de beau-parent.

Ne jamais oublier que même si c'est très fréquent, le divorce n'est jamais anodin. Je ne remets pas en question le divorce, mais je pense qu'il faut tenir compte du fait que ce n'est pas une mince affaire pour un enfant. Ne plus avoir ses parents sous le même toit est un vrai bouleversement pour lui qui n'a connu que cela depuis sa naissance. Et que, même si tout a l'air de bien aller quand ils sont petits, les blessures peuvent ressortir plus tard. C'est pour cela qu'en tant que beau-parent, il faut savoir adoucir toutes les relations qui pourraient s'envenimer très vite.

AVOIR DU CHIEN

Je ne peux pas parler de famille sans parler de **chien**. Ils font partir de ma vie. Quand j'étais jeune mannequin, je me promenais toujours avec mon chien, **Jim**. Il avait même un *book* avec toutes ses photos. Les chiens ont une réelle utilité médicale. Ils agissent comme un antidépresseur, Lorsqu'on caresse un chien, on sécrète de **l'ocytocine**, « l'hormone du bonheur ». On dit aussi qu'avoir un chien permet de vieillir moins vite : c'est normal, on le sort, on lui lance la balle, on doit aller acheter sa nourriture. Je passe toutes les études qui prouvent qu'ils sont bons pour notre pression artérielle et nous **préservent** des maladies cardiovasculaires.

Bref,
notre bonheur a l'air
de passer non seulement
par nos amis,
mais par notre *chien*
aussi.

POURQUOI LES CHIENS c'est bien ?

Les effets secondaires sont bien *moindres*
que ceux des antidépresseurs.

Ils sont *toujours d'accord* avec vous.

Si on est célibataire,
ils peuvent nous faire rencontrer le grand amour.
Pensez aux *101 Dalmatiens*.

Certains chiens font garde du corps.
Mais pas tous :
Dinky, notre bichon maltais,
n'est pas très efficace...

VIVE
LE *BUSINESS !*

« Le succès c'est d'aller d'échec en échec sans perdre son enthousiasme. »

— Winston Churchill

Vu que je travaille avec Olga tous les jours, je me suis dit que nous allions réussir à répertorier beaucoup d'astuces pour réussir nos journées au bureau…

MAIS FINALEMENT,

je ne pense pas qu'il y ait un mode d'emploi pour réussir sa vie professionnelle.

Le point le plus important est peut-être de réussir à faire de notre passion notre métier. Ou en tous cas, de trouver ce que l'on aime faire.

J'aime citer **Steve Jobs,** cofondateur d'Apple, qui lors d'un discours à l'université de Stanford le 12 juin 2005 a dit :

« Parfois, la vie vous frappe à la tête avec une brique. Ne perdez pas la foi. Je suis convaincu que la seule chose qui m'ait permis de tenir, c'est que j'aimais ce que je faisais. Vous devez trouver ce que vous aimez. Et cela est aussi vrai pour votre travail que pour vos amours. Votre travail va remplir une grande partie de votre vie, et la seule façon d'être vraiment satisfait est de faire ce que vous croyez être un travail formidable. Et la seule façon de l'accomplir est d'aimer ce que vous faites. Si vous ne l'avez pas encore trouvé, continuez à chercher. Ne vous contentez pas. Comme pour toutes les questions de cœur, vous saurez quand vous le trouverez. Et, comme toute bonne relation, elle s'améliore de plus en plus au fil des années. Alors continuez à chercher jusqu'à ce que vous le trouviez. Ne vous contentez pas. (...) Votre temps est compté, alors ne le gaspillez pas à vivre la vie de quelqu'un d'autre. Ne vous laissez pas piéger par le dogme, qui consiste à vivre en suivant ce que pensent les autres. Ne laissez pas le bruit des opinions des autres étouffer votre propre voix intérieure. Et le plus important : ayez le courage de suivre votre cœur et votre intuition. Eux savent déjà ce que vous voulez vraiment devenir. Tout le reste est secondaire. »

Conseil aux lycéens

qui ne savent pas vers quelle voie s'orienter : choisissez des études qui vous mèneront à un métier que vous feriez gratuitement.

AU BUREAU, UN SEUL CONSEIL EN MATIÈRE D'*EMAILS* ? NE PROCRASTINEZ PAS !

C'est-à-dire, ne prenez pas votre courage à demain mais tout de suite. J'essaie de ne pas laisser passer un jour sans ouvrir mes *emails*. Je connais une fille qui a dans sa boîte plus de 42 500 *emails* non lus. Je la suspecte de prendre un tranquillisant dès qu'elle ouvre son mobile…

LA SEULE COMPÉTENCE QUI DEVRAIT ÊTRE DEMANDÉE POUR N'IMPORTE QUEL TRAVAIL :

SAVOIR RELATIVISER LE DRAME AU BUREAU

On a parfois l'impression que certains se délectent avec les mauvaises nouvelles. Qu'ils font un drame de tout, et que même une petite chose pourrait mener l'entreprise à la ruine. Ce collègue tout le temps exténué ne semble toujours pas avoir intégré qu'il a juste de la chance d'être en vie. « La livraison n'est pas arrivée aujourd'hui, c'est une catastrophe ! », se plaint une collègue affolée pour meubler sa matinée. Tant que personne n'est en danger, rien n'est vraiment grave. Cela prend des années, mais on arrive parfois à leur faire comprendre que le *drama* ne mène à rien. Souvent, il faut juste intégrer que le temps de faire les choses n'est pas celui qu'on avait prévu. Le savoir aide déjà à être plus serein.

C'EST NOUVEAU

COMMENT RÉUSSIR SA VISIO ?

C'EST NOUVEAU

LA PANDÉMIE nous a obligés à pratiquer le « distanciel » et donc la *visioconférence*. Qu'on soit mannequin ou non, le problème est le même : le digital n'arrange pas du tout notre tête. Je comprends mieux pourquoi certaines applications proposent des filtres.

Pour éviter de passer votre vie en *visio* avec une tête de chat à la place de la vôtre, j'ai demandé conseil à mon amie **LYDIA PUJOLS**. Ma chère maquilleuse depuis toujours, qui travaille beaucoup sur des tournages de films et sait donc comment se maquiller pour paraître belle à l'écran.

C'EST AUSSI VALABLE POUR LES HOMMES

Pas forcément la totale, mais un peu d'anti-cernes pourra donner un sentiment de plus d'efficacité auprès de vos collègues.

Roger Vivier
PARIS

Les conseils de LYDIA

EN VISIO, LA *LUMIÈRE* EST IMPORTANTE

Placer l'éclairage dans l'axe du visage pour adoucir les ombres, préférer une lumière blanche comme une lampe LED et ajouter une lumière d'ambiance pour l'arrière-plan.

EN CE QUI CONCERNE LE MAQUILLAGE POUR *HAUTE DÉFINITION*

Il faut gommer les contrastes en volume et en couleur. Unifier le teint avec un fond de teint à la texture légère et liquide ou une *BB cream* afin de donner de l'éclat et de la transparence à la peau. Appliquer un correcteur de teint orange pour masquer l'intensité d'un cerne, un correcteur de couleur verte pour camoufler les rougeurs. Si la peau est belle et le teint plutôt uni, il est possible de faire l'impasse sur le fond de teint, quelques touches d'anti-cernes suffiront pour neutraliser les zones d'ombres et faire un joli teint lumineux.

J'AIME BIEN REDESSINER *LE SOURCIL*

Le densifier au crayon ou à la poudre pour combler les manques. L'idée n'est pas de durcir l'expression mais de donner du caractère au regard.

Une fois le teint unifié,
on peut utiliser

UN BLUSH CRÈME ROSÉ

pour une touche de fraîcheur ou un *blush* doré pour un effet bonne mine après une journée passée au soleil.

UN RECOURBE CILS

et du mascara pour ouvrir le regard.

UN CRAYON BRUN,

noir, mordoré ou bleu marine au ras des cils supérieurs, en l'étirant vers l'extérieur et le haut.

ÉVITER LES ROUGES À LÈVRES SOMBRES,

préférer une bouche naturelle.

Playlist pour être de bonne humeur le matin

River Deep Mountain High
d'Ike & Tina Turner (1966)
C'est vraiment ma madeleine de Proust,
mes parents écoutaient ça à la campagne où nous vivions.
Mais aussi *Mrs Robinson* de Simon & Garfunkel (1968).

Maybelline
de Chuck Berry (1956)
Ça aussi c'est la famille ! Lorsqu'à 15 ans j'ai rencontré
Mick Jagger, il m'a demandé quel genre de musique
j'écoutais. Je lui ai répondu : Chuck Berry.
Il a approuvé mais ensuite il m'a demandé
« Écoutes-tu les Stones ? ».
J'ai dit « oui ». Il m'a alors demandé quel morceau.
Perplexe et intimidée, j'ai répondu « Lady Jane »
et là aussi, il m'a dit que c'était un très bon choix,
car c'était une musique inspirée du folklore irlandais.
Toujours est-il que ce n'était pas vraiment le morceau
le plus représentatif de leur musique !

Dead Flowers
des Rolling Stones (1971)
Cette musique me met immédiatement de bonne humeur.
Je la conseille vivement le matin au réveil,
pour s'habiller c'est idéal!

You Send Me
d'Aretha Franklin (1957)
Impossible pour moi de zapper Aretha,
tout comme Janis Joplin, Amy Winehouse
et Barbara.

S.O.B
de Nathaniel Rateliff & The Night Sweats (2015)
Vous diffusez cela en pleine après-midi dans votre bureau
et ça met direct le feu à l'entreprise.

La terre est ronde
d'Orelsan (2015)
J'aime beaucoup les textes d'Orelsan.

Bonne bonne humeur ce matin
de Tristan (1988)
C'est la méthode Coué pour être certain
d'être de bonne humeur.
« Paris est plein, plein, plein, plein de Parisiens.
Pas assez de parisiennes et trop de parisiens. »
Rien que pour ces paroles, je me dois d'en parler…

Le *style* pour TOUS

« J'ai créé mon propre style pour éviter d'avoir à en choisir un. »

— Katherine Hepburn

UN STYLE POUR LES *autres*

Même si quand on fait du shopping, on achète d'abord quelque chose qui nous plaît, on réfléchit tout de même à l'impression qu'on va faire avec. Insuffler un peu de gaieté dans la vie avec des looks qui ne soient pas trop sordides fait partie de mes objectifs. Et j'essaie de dire gentiment à celles trop portées sur la facilité du noir que la couleur est importante pour le moral. L'expression « mettre de la couleur dans sa vie » est à prendre au pied de la lettre.

QUELLES SONT LES ***20 pièces*** QUI PERMETTENT D'***égayer son quotidien*** ?

→ *Chacune a sa fonction*

LE GILET
ROSE FUCHSIA
« Je suis de bonne humeur »

LES BASKETS JAUNES
« On se croirait à la plage »

LES GILETS À MOTIFS
« Le froid stylé scandinave »

LES PULLS FLUO
« J'ai l'esprit vif »

LA CULOTTE ROUGE
« Ça porte bonheur en Italie »

LES BABIES
DORÉES
« C'est Noël toute l'année »

LES SANDALES DORÉES

« J'aime être brillante »

LES FOULARDS IMPRIMÉS

« Le détail n'est jamais accessoire »

UN PULL ROSE

« J'ai décidé de voir la vie en rose »

QUELQUE CHOSE DE KAKI

« Le kaki, c'est le noir version heureuse »

DES BOTTES ROUGES

« Je vais enflammer la journée »

UN SAC DORÉ PAILLETÉ

« Je veux des paillettes dans ma vie »

UNE POCHETTE ROUGE

« Une touche d'énergie dans un look »

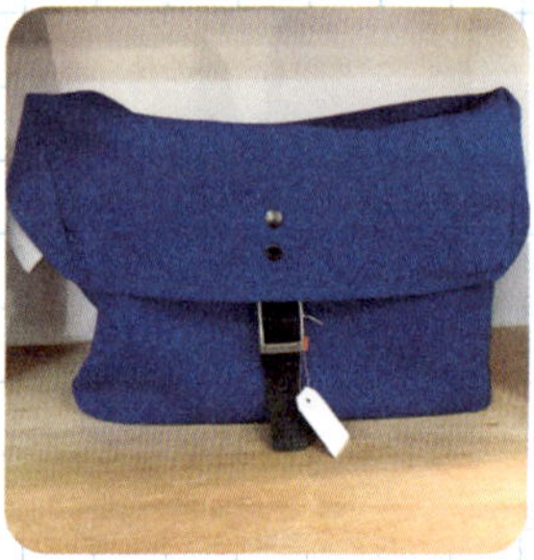

UNE BESACE BLEU

« Ciel bleu du matin au soir »

UNE CHEMISE BLANCHE

« Je suis blanche comme neige »

UN MICRO SAC STRASSÉ

« Une soirée qui s'annonce ardente »

UN PULL ROUGE

« Objectif flamboyance »

UNE COMBINAISON-PANTALON VERTE

« Se mettre au vert est toujours agréable »

UNE CHEMISE À CARREAUX DE COULEUR

« Même quand on est carrée, on peut être joyeuse »

UNE VESTE JAUNE

« Je vous ai apporté le soleil »

3 LOOKS QUI ENCOURAGENT *la bonne humeur*

PULL
ROSE PÂLE
+
denim

D'accord, même si je viens de vous prouver qu'on trouve dans mon dressing autre chose qu'un ***pull bleu marine et un jean brut***, je ne peux pas nier que ce duo fait toujours partie de ma penderie. J'en ai même assez pour habiller toutes mes amies !

PULL
ROSE

+

jupe jaune

+

BABOUCHES
ROSES

PANTALON
BLANC

+

veste bleue

+

CONVERSE
JAUNES

DONNER

Impossible de faire un guide de développement collectif sans donation. J'ai des phases avec certains vêtements (si on exclut mes jeans en denim brut ou blancs, mes chemises blanches, mes pulls bleu marine) et quand je ne les mets plus, je ne les vends pas sur une appli de seconde main (c'est très bien par ailleurs), mais je les donne. Et lorsqu'une de mes amies aime bien une pièce que je porte, j'ai le réflexe de la lui donner tout de suite. Olga et Sophie avec qui j'écris ce guide profitent de ce petit chapitre pour me dire qu'elle adore toujours comment je m'habille mais qu'elle n'ose plus me le dire sinon elles ont peur que je me retrouve nue…

OÙ DONNER ?

Je ne pense pas que ce sont les adresses qui manquent. Les mairies, les lieux religieux ou les écoles vous indiqueront certainement des adresses pour donner vos vêtements. Mes adresses :

- **Emmaüs**, *emmaus-paris.fr*
- **La Croix Rouge**, *croix-rouge.fr*
- **Le Relais**, *lerelais.org*
- **Le Secours populaire**, *secourspopulaire.fr*

Et si vous avez des tenues professionnelles (costume-pantalon, cravate pour les hommes, etc.), une adresse : **La cravate solidaire**, *lacravatesolidaire.org* Cette association utilise ces dons pour aider les personnes qu'ils coachent afin de leur faciliter le retour à l'emploi dans une tenue adéquate.

UNE NOUVELLE VIE POUR LES CHAUSSETTES ORPHELINES

Je n'ai toujours par compris comment je pouvais perdre autant de chaussettes ? J'ai un sac plein de chaussettes esseulées qui sont entrées dans la machine à laver en couple, mais qui ressortent célibataires. Heureusement des gens réfléchissent à ce problème planétaire comme **Chaussettes orphelines** (*chaussettesorphelines.com*). Ce concept propose de recycler les chaussettes et d'en faire d'autres, des bonnets, des gants, des écharpes et même des sacs.

DON ET RECYCLAGE, C'EST LE NOUVEAU COCKTAIL TRÈS À LA MODE !

Marius

Body positive ET SURTOUT *collectif*

Côté beauté et forme, je pourrais vous faire tout un programme de routine cosmétique, rééquilibrage alimentaire avec cours de gym pour vous sculpter un corps au top… mais cela ne me ressemble pas du tout ! On me demande souvent « comment faites-vous pour être si mince ? ». Pas grand-chose, sauf que j'essaye de manger lentement et d'arrêter quand je n'ai plus faim. Mais je pense surtout à une chose : il est important de ne jamais vous comparer physiquement aux autres. Cela permet aussi de mieux vivre en collectivité. Le mouvement « body positive » qui est très fort en ce moment est juste nécessaire : chacun doit être fière de son corps et c'est cela qui fera que vous aurez votre style. Et que vous serez une pièce maîtresse du collectif. Même si je vieillis (et je grossis aussi), je « positive » mon corps.
Et quant au vieillissement, je n'en parle plus vraiment. Je pense que le sommeil et le rire sont clairement les meilleurs secrets de jouvence. Et pour rigoler, les amis sont indispensables !

Se **NOURRIR** *d'amitié*

« Je devrais vous dire que je mange du quinoa, mais je ne vais pas vous raconter des bobards ! »

Comment SE FAIRE DES AMIS *rapidement ?*

EN MANGEANT ENSEMBLE
LA MÊME NOURRITURE !

Selon une étude réalisée en 2016 par la *Society of Consumer Psychology*, manger la même nourriture permet d'établir un lien de confiance entre des personnes qui ne se connaissent pas. La co-auteure de l'étude, Ayelet Fishbach, explique : « Je pense que la nourriture a un pouvoir car nous devons lui faire confiance pour la laisser entrer dans notre corps. J'espère que cette recherche sera utilisée pour connecter les gens et faciliter la résolution des conflits ». ***Faites des déjeuner d'équipe*** où tout le monde mange la même chose et vous constaterez vite que ***les équipes se soudent***.

SERVICES SECRETS
Picasso
Degas

Pour être ***connecté*** avec moi
et ne pas rencontrer de ***conflit***,
je vous recommande de partager avec moi
des paquets de pop-corn sucré-salé
de chez *Marks & Spencer*.

Je peux en manger six paquets
en moins d'une demi-heure !

LE RITUEL DU CAFÉ ITALIEN

Loin de moi l'idée de dénigrer les machines à café vendues par un bel homme, mais quand on a le temps, je recommande le rituel du **CAFÉ NAPOLITAIN**.
C'est non seulement *joli*, mais c'est aussi *très bon*.

À SAVOIR :

Pas la peine de vous détailler l'étude dans ses moindres détails techniques, mais sachez que selon une étude de l'université de Lübeck en Allemagne, manger des *protéines* rendraient plus conciliants. Et cela grâce à la *tyrosine*, une molécule présente dans les protéines qui produit de la *dopamine*, un neurotransmetteur qui influence le processus de la décision. *Plus on a de dopamine, plus on est tolérants.*

J'ai hésité à vous révéler cette info dans le livre, car maintenant mon compagnon et mes enfants vont mieux comprendre pourquoi je leurs sers gentiment un œuf tous les matins…

DE LA GAIETÉ et rien d'autre

« Être heureux dépend de notre façon de voir les choses. »

Et parce que prendre soin de soi permet aussi d'être mieux pour les autres, voici mes **15 IDÉES** pour une vie ***plus gaie***.

1

Et si décider d'être heureux était la solution ?

On peut lire tous les livres de développement personnel possibles, mais rien ne sera plus efficace qu'une décision prise unilatéralement. ***Je l'ai décidé depuis longtemps, je veux du bonheur et rien d'autre…*** Oui, oui, je me suis un peu inspirée de Paul Éluard, il est ma méthode Coué personnelle. Il ne faut jamais oublier que la meilleure chose qui vous soit arrivée, c'est d'être sur terre. C'est déjà une chance quand on pense aux probabilités infimes qu'on avait d'arriver jusque-là.

2

Faire des « To do listes »

J'aime l'idée de se fixer des objectifs, ça donne l'impression d'avancer dans la vie. Écrivez les choses à faire pour y arriver. ***Attention à ce que vous écrivez, cela peut arriver plus vite que vous ne le pensez !***

3

Ne jamais dénigrer une activité

Courir, marcher, faire de la cuisine, faire le ménage, toutes ces activités qui nous permettent aussi de réfléchir peuvent nous amener à ***une idée de génie.***

4

Être tout en gratitude

Faire la liste de tout ce qui ne va pas est facile, mais reconnaître que l'on a de la chance et faire la liste des choses dont nous sommes fiers, ça c'est utile.
Ça rend heureux.

janvier
keep calm & carry bradshaw
yoga
Tel :
- Dominique
- Armelle
- mireille
photo passeport
apporter pull @ raccomodeuse
commander Bois
Dr Bidul 4/1
Cours de boxe
choix photos
dessins bijoux
manger des amandes

5

« Ne vous croyez jamais incapable de faire quelque chose »

Lors de mon premier casting chez Chanel, ils ne m'ont pas choisie en argumentant que j'étais trop grande. Bon ben, après avoir été ambassadrice de la maison de la rue Cambon, je peux l'affirmer : la première impression n'est parfois pas la bonne et on a plusieurs fois la chance de faire une première bonne impression ! *N'abandonnez jamais.*

6

On me demande souvent comment réussir dans son métier, j'ai envie de répondre tout simplement : faites ce qu'il vous fait plaisir !

Je n'ai jamais fait quelque chose en me disant « quoi faire pour avoir du succès ? » mais toujours « qu'aimerais-je porter, de quoi ai-je besoin ? ». Du coup, c'est pour cela que je crée des blazers bleu marine et non des crop tops rose fluo. Mais heureusement que certains pensent à créer des *crop tops* rose fluo !

7

Dire « Je vais y arriver », encourage à y arriver

Mais si vous dites « je ne vais pas y arriver » fera tout capoter. Quand vous dites « je suis mince », ça marche aussi. Mais attention, cela ne marche pas tellement si vous mangez trois tablettes de chocolat en même temps, il y a des limites…

8

En faire moins…

Bon je ne parle pas forcément du travail où il vaut mieux ne pas trop se la couler douce si on veut le garder. ***Mais il faut s'autoriser à traînasser***, à perdre de temps. Même dix minutes dans son lit. Et pour le travail n'oubliez jamais de pratiquer l'humour. Trop de sérieux vous donnera l'impression de trop en faire.

9

Le culte du lâcher prise

Pas besoin de trop développer. ***Pourquoi s'évertuer à vouloir que tout soit parfait ?*** Il faut juste être conscient de ses limites et ne pas s'en offusquer.

10

Savoir repérer le bonheur

- Un bouquet de jonquilles acheté à la sortie d'un métro.
- S'allonger sur son lit après avoir pris un bain.
- Rentrer chez soi.
- Se réveiller dix minutes plus tôt pour pouvoir prendre son thé tranquillement.

C'est dans les petites choses que se construit un grand bonheur.

11

Souriez et la vie vous sourira !

Ok, vous allez dire que ce n'est pas toujours facile… *Pourtant, ça marche.*

12

On a le droit d'aller mal

Pas de tyrannie de la méthode « je vais bien, tout va bien ». Evidemment qu'il y a des moments moins drôles dans la vie. J'en ai vécu pas mal. Mais cela ne sert à rien de s'attarder trop longtemps sur le problème, surtout si on ne peut rien y faire, comme un deuil par exemple. On a le droit d'avoir des coups de mou, des périodes où l'on est plus fragiles. ***L'important est de l'accepter. Et de se confier à ses amis pour s'en sortir.*** Vous voyez, même quand j'essaie de donner des conseils de développement personnel, je retombe sur du collectif !

13

Respecter la nature

Aujourd'hui, nul n'est sensé ignorer les problèmes de la planète : ***respecter la terre permet de se sentir mieux.*** Oui oui, si on trie ses déchets, on peut atteindre un certain nirvana.

14

Donner pour recevoir

Là je reconnais que c'est un peu facile. Mais je tiens à le rappeler, car en matière de développement personnel, ***on oublie parfois que le don ou l'aide sont nécessaires aussi à notre bonheur.***

15

Relativiser est l'une des clés du bonheur

Il faut s'entraîner à relativiser car cela ne vient pas tout seul. Se répéter « ce n'est pas très grave, ce n'est pas très important ». ***L'objectif : prendre de la distance perpétuellement pour tout.***

Crédits photos

Photographies d'Olga Sekulic à l'exception de :

P. 33
Vanessa Seward : ©Jacqueline Burgalat

P. 34
Guillaume Henry : ©Damien Blottière
Marin Montagut : ©RomainRicard

P. 35
Marie Hélène de Taillac : DR

P. 36
Pascale Monvoisin : DR

P. 37
Isabelle Rosselini : © Paola Kudacki / Trunk Archive / photoSenso
Frédéric Perigot : ©Jean Ber

P. 38
Dominique Lionnet : DR

P. 39
Didier Papeloux : DR

P. 40
Lilou Fogli : ©Eddy Brière

P. 41
Bertrand Burgalat : ©Serge Leblon
Nicole Wisniak : ©Richard Avedon

P. 42
Benedicte Perdriel : DR

P. 43
Alexandre Mattiussi : ©Luc Braquet

P. 44
Bernard Chapuis : ©Benoit Pevereli

P. 45
Mireille Pellen : DR

P. 46
Lydia Pujols : DR

P. 47
Boris Terral : DR

P. 48
Héloïse Brion : ©Christophe Roue

P. 49
Charlotte Chesnais : DR

P. 50
Andrée Zana Murat : ©Vincent Lappartient

P. 51
Liya Kebede : DR
Gilles Bensimon : DR

P. 52
Diego Dela Valle : DR
Élie Top : ©Saskia Lawaks

P. 53
Vincent Darré : DR

P. 54
Delphine Courteille : DR

P. 55
Fifi Chachnil : ©Roxane Moreau
Marie France Cohen : DR

P. 56
Cindy Bruna : DR

P. 58
Prod DB © RKO / DR
Prod DB © Amblin - Universal

P. 59
Prod DB © MGM - Pathe Entertainment / DR
Prod DB © Warner / DR

P. 60
Prod DB © 20th Century Fox / DR
Prod DB © Play Art - Filmsonor - Titanus
Prod DB © United Artists / DR

P. 62
Prod DB © Warner Bros TV/ DR

P. 65
Warner Music

P. 70
Prod DB © RKO
Prod DB © 20th Century Fox / DR

P. 71
Prod DB © Warner Bros / DR
Prod DB © 20th Century Fox
Prod DB © 20th Century Fox / DR

P. 72
COLLECTION CHRISTOPHEL © Mirisch Corporation
Prod DB © Paramount
Prod DB © Universal Pictures - Stanley Donen Films

P. 73
Prod DB © Columbia Pictures - Castle Rock Entertainment - Nelson Entertainment
Prod DB © Universal / DR
Prod DB © Paramount

P. 86
Dominique Charriau/WireImage/Getty Images

P. 91
Bertrand Rindoff Petroff/Getty Images

P. 97
Collection Christophel © Gaumont international